누구나 전도

누구나 전도

지은이 | 신후
초판 발행 | 2023. 4. 19.
등록번호 | 제1988-000080호
등록된 곳 | 서울특별시 용산구 서빙고로65길 38
발행처 | 사단법인 두란노서원
영업부 | 2078-3352   FAX | 080-749-3705
출판부 | 2078-3331

책 값은 뒤표지에 있습니다.
ISBN 978-89-531-4464-4 03230

독자의 의견을 기다립니다.
tpress@duranno.com   http://www.duranno.com

두란노서원은 바울 사도가 3차 전도여행 때 에베소에서 성령 받은 제자들을 따로 세워 하나님의 말씀으로 양육하
던 장소입니다. 사도행전 19장 8-20절의 정신에 따라 첫째 목회자를 돕는 사역과 평신도를 훈련시키는 사역, 둘째
세계선교(TIM)와 문서선교(단행본잡지) 사역, 셋째 예수문화 및 경배와 찬양 사역, 그리고 가정·상담 사역 등을
감당하고 있습니다. 1980년 12월 22일에 창립된 두란노서원은 주님 오실 때까지 이 사역들을 계속할 것입니다.

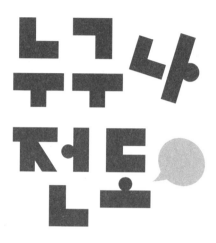

누구나 전도

전도의 은사가 없는 사람은 어떻게 전도해야 할까?
Personal Evangelism Made Easy

신후 지음

두란노

차례

많은 그리스도인이 전도하는 것을 부담스러워합니다. 전도의 열정이 없거나 전도해야 하는 이유와 중요성을 알지 못하는 사람도 있습니다. 어떤 사람은 복음 전파는 전도의 은사를 가진 몇몇만 하는 것으로 생각합니다. 하지만 전도는 모든 성도의 사명입니다.

저자는 믿는 사람이 왜 전도를 힘들어하는지를 살펴보고, 어떻게 하면 복음을 잘 전달하여 그를 구원에 이르게 할 수 있는지를 알아내고자 많은 시행착오를 거친 끝에 성령님의 도우심으로 새로운 전도법을 개발했습니다.

이 새로운 전도법은 '성경'을 통해 복음의 핵심 내용을 설명하고, '그림'을 통해 다시 한번 복습하고, '설득의 과정'을 통해 부족한 이해를 돕고, '변증'을 통해 불신자가 품은 질문에 대한 적절한 답을 제시하는 것입니다. 그뿐 아니라 '삶으로 전도하는 방법'까지 알려

줍니다. 복음의 이해도를 5중으로 높여 주므로 대상자가 복음을 쉽게 이해하고 받아들이며, 믿은 후에 신앙의 빠른 성장도 기대할 수 있습니다.

기독교 신앙에 적대감이 커지고 있는 이 시대에 시의적절하게 실질적인 도움을 주는 책이 출간되어 기쁩니다. 전도의 특별한 은사가 없어도 누구나 전도할 수 있다는 자신감을 주고, 효과적인 전도법까지 알려 주는 이 책을 추천합니다.

이 책은 선교지를 비롯해 침체를 겪고 있는 한국 교회에 복음 전도의 새바람을 불러일으킬 것입니다.

이재훈_온누리교회 담임 목사

 **들어가는 말**

1990년, 나는 방송국 PD가 되기 위해 일본으로 유학을 떠났다. 동경에 도착한 첫날, 장로교 선교사님의 집에서 복음을 듣고 예수님을 믿게 되었다. 물론, 이전에 한국에서 어느 권사님의 인도로 교회에 몇 번 가 본 적은 있었다. 그러나 내가 왜 예수님을 믿어야만 하는지 성경을 통해 복음의 내용을 자세하게 설명을 들은 것은 그때가 처음이었다. 나는 선교사님에게서 복음을 듣고 예수님을 나의 구주로 영접하였다.

선교사님의 집에서 나와 전철역을 향해 걸어가는데, 모든 것이 새롭게 느껴졌다. 표현할 수 없는 기쁨과 평안이 내 마음속에 충만했고, 내 어깨를 짓누르던 무거운 짐들이 모두 사라진 듯 마음이 한없이 가벼웠다. 거리에 줄지어 선 가로수의 나뭇잎들도 햇빛과 바람과 더불어 서로 조화를 이루며, 아름다운 몸짓으로 하나님을 찬양하며 춤추는 것 같았다. 거리를 가득 메운 사람들을 보면서 이전 같았으면 짜증 섞인 말을 토해 냈을 법도 한데, 놀랍게도 내 눈은 사랑과 연민의 시선을 가지고 그들을 바라보며 걷고 있었다. 마치 모든 것이 '예수'라는 특수 안경을 통해 필터링 되는 것만 같았다.

나는 선교사님을 따라 오야마 레이지(尾山令仁) 목사님이 담임하시는 성서 그리스도교회를 다니게 되었다. 누가 시킨 것도 아닌데, 주일 예배 후 남겨진 주보들을 모아 가방에 넣고 다니며 전도하기 시작했다. 그때는 어떻게 전도해야 하는지를 잘 몰랐기 때문에 그저 사람들에게 주보를 나누어 주며 교회로 초청하는 정도였다.

그렇게 한두 달이 지나자 주일 예배에 참석하는 한국인 유학생의 수가 눈에 띄게 늘기 시작하더니 4개월 후에는 참석자가 40여 명이 되었고, 한국어 예배부가 생겼다. 1년이 지나자 80명이 되었고, 2년이 지나자 160명이 되었고, 3년이 지나자 250명으로 늘어났다.

1993년 8월, 국제복음주의학생연합회(Korean Students All Nations, 이하 KOSTA)가 주최하는 제1회 일본 KOSTA 대회가 시미즈 공원에서 개최되었는데, 나는 6인의 상임 위원 중 한 명으로 대회를 섬기게 되었다. 집회 마지막 날, 성령의 인도하심 속에서 나는 복음과 하나님 나라를 위해 헌신하였다.

1995년 봄, 나는 신학 공부를 위해 미국으로 유학을 떠났다. 하나님의 뜻에 순종하면 매사에 형통함이 있으리라 기대했는데, 기대와 달리 갖가지 어려움들이 나를 기다리고 있었다. 가져간 돈은 금세 떨어져 버렸고, 영어도 잘 못 하다 보니 공부하기가 너무 어려웠다. 다 포기하고 돌아가자니 비행기표 살 돈이 없고, 공부를 계속하자니 학비가 없었다. 일이라도 해서 돈을 벌고 싶었지만, 유학생 비자로는 아무 일도 할 수 없었다. 나에게 열린 길은 오직 하나, 머리 위 하늘뿐이었다. 나는 하나님께 간절히 기도하기 시작했다.

나에게 미국은 하나님의 공급하심과 은혜 없이는 살 수 없는 광야였다. 10년 동안 하나님은 오직 하나님만을 의지하며 살도록 철저하게 나를 훈련시키셨다. 나는 하나님의 은혜로 다시 신학대학부터 시작해 석사와 박사까지 마쳤고, 아내도 석사 학위(M. A. Bible)를 받았다. 그리고 하나님은 두 아들을 주셨다. 2002년, 나는 미국 장로교 PCA 목사가 되었고, 2004년 박사 학위를 받자마자 선교지로 파송받기 위해 한국으로 돌아왔다. 미국에서 사는 10년 동안, 우리는 그 어떤 빚도 지지 않았다. 떠나기 전, 마지막으로 중고차를 팔고 남은 3,000달러는 한국에서의 선교 훈련 비용으로 사용하였다. 선교 훈련이 끝나갈 무렵에 막내딸 은혜가 태어났다.

2005년 여름, 우리 가족은 선교지인 중국으로 떠났다. 그때 큰아들이 5살, 작은아들이 4살, 그리고 막내딸이 생후 100일이었다. 우리는 어학원 수강과 개인 지도를 통해 현지 언어를 배웠는데, 그 과정에서 가정교사 두 사람에게 복음을 전했고, 그들의 친구들에게도 복음을 전했다. 우리는 사람들을 집으로 초대하여 한 명씩 전도했고, 그들을 모아 성경 공부반을 만들었다. 참석자 수가 15명이 되면서 첫 번째 가정교회를 개척했다.

아내와 나는 현지어로 사람들과 소통을 할 수 있게 되자 그동안 좋은 관계를 유지해 온 현지인들에게 본격적으로 복음을 전하기 시작했다. 우선, 어느 정도 마음이 열린 사람들에게 먼저 CCC의 사영리 전도법으로 복음을 전했다. 그러나 열 명 중에 한두 명 정도만 복음을 받아들였고, 여덟아홉은 거절하며 돌아섰다. 그다음에는 전도 폭발 방법으로 복음을 전했더니, 열 명 중에 두세 명이 복음을 받아들였다. 나는 미국에서 가져온 여러 전도 자료들을 활용하여 다양한 방법으로 열심히 복음을 전했다. 그러나 복음을 받아들이는 사람들의 수는 아주 적었다.

어떤 사람들은 처음에는 예수님을 믿으려는 마음이 있어 보였는데, 복음을 다 듣고 나서는 안 믿겠다고 마음을 바꾸기도 했다. 나는 매우 실망했고, 사람들이 복음을 거절할 때마다 위축되어 갔다. 선교사로서 무력감까지 들었고 다시 전도할 마음이 생기기까지 오랜 고민과 쉼과 긴 기도의 시간이 필요했다.

나는 낙심 가득한 마음으로 하나님께 기도했다.

"하나님, 제가 하나님의 부르심에 순종해서 이렇게 선교사가 되었습니다. 하나님의 인도하심을 따라 어린 자녀들을 데리고 이곳에

와서 기회가 있을 때마다 사람들에게 복음을 열심히 전하고 있습니다. 그런데 예수님을 향해 마음이 열렸던 사람들조차 복음을 받아들이지 않습니다. 제가 어떻게 해야 합니까? 너무 힘듭니다."

그때 성령께서 내 안에서 말씀하셨다.

"너는 미국에서 가져온 자료들을 너무 의지하는구나. 네가 의지하는 그 자료들의 대상은 원래 중국인이 아니란다."

나는 순간 정신이 번쩍 들면서, 성령의 지적에 100% 동의가 되었다. 그때부터 기도의 내용을 바꾸기 시작했다.

"하나님, 그러면 이 나라 사람들이 복음의 내용을 듣고 바로 이해하고 받아들일 수 있는 새로운 전도법을 개발하게 도와주십시오."

그런 기도를 시작한 지 얼마 지나지 않아서 나는 이제까지 한 번도 경험해 보지 못했던 새로운 경험을 하게 되었다.

당시 나는 아주 바쁘고 피곤한 나날들을 보내고 있었다. 대학 어학원에서 매일 4시간씩 중국어를 공부했고, 집에 돌아와서 가정교사와 1시간 보충 수업을 하고, 또 2시간 동안 개인 공부와 숙제를 해야 했다. 그리고 어린 세 자녀와 놀아 주고, 청소하고, 저녁 먹고 나서 치우고, 밤에는 아이들과 씨름하면서 가정예배를 드리고, 아이들 한 명씩 목욕시켜서 잠을 재우고 나면 몸이 아주 녹초가 되어 버렸다.

그러던 어느 날 밤 10시가 넘어 피곤한 몸으로 컴퓨터 앞에 앉아

기도를 하는데, 갑자기 머리가 아주 맑아지더니 무슨 일이든지 해낼 수 있을 것 같은 최상의 컨디션이 되었다. 그러더니 성령께서 새로운 아이디어를 물 붓듯이 부어 주셨다.

나는 놀람 속에서 그 아이디어들을 열심히 받아 적었다. 아주 잠깐의 시간이 지난 것 같은데, 시계를 보니 5시간이 흘러 새벽 3시가 되어 있었다. 그런 현상이 며칠간 반복되었고, 나는 성령의 도우심과 인도하심으로 새로운 전도법을 개발하게 되었다.

2007년, 새로운 전도법이 완성된 후에 우리 부부는 이전에 복음을 받아들이지 않았던 사람들을 다시 집으로 초대하여 새로 개발한 전도법으로 복음을 전해 보았다. 놀랍게도 열 명 중에 아홉 명이 복음을 받아들였다. 우리는 신약품을 개발한 제약회사가 임상 실험을 하듯이 새로운 전도법을 다양한 사람들에게 적용해 보았다. 그 결과, 500명 이상의 불신자들이 우리 부부를 통해 예수님을 자신의 구주로 영접하였다.

그다음에는 교회 동역자들에게 이 전도법을 가르쳐 활용해 보게 했다. 그런데 비슷한 조건에서 복음을 전했는데도 복음을 받아들인 사람들의 수가 5, 6명으로 줄어들었다. 도대체 우리 부부와 어디서 차이가 나는지 그 원인을 조사해 보니, 예전의 내가 그랬던 것처럼 그들도 전도의 주체이신 성령이 아닌 전도법 자료만을 지나치게 의존하고 있음을 알게 되었다.

동역자들이 전도를 시작하니 교회가 계속 부흥하였고, 중국 내 여러 도시에 교회들이 세워졌다. 우리는 많은 사람을 전도했지만, 많은 수가 모여 예배드릴 수 없는 현지 상황으로 인해 소수의 동역자를 모아 집중적으로 양육하였다.

이 새로운 전도법은 매우 효과적이었고, 기대 이상의 열매들을 보게 되었다. 특히 타 문화권 선교사들에게 이 전도법이 알려지면서 여러 나라의 선교사들로부터 책 출판 요청을 거듭 받게 되었다. 성령의 인도하심으로 개발한 전도법이기에 많은 나라에서 영혼 구원을 위해 사용되기를 바라는 마음이다.

5중 전도법의 장점

1) 이 책은 '성경'을 통해 복음의 핵심 내용을 설명하고, '그림'을 통해 다시 한번 복습하고, '설득의 과정'을 통해 부족한 이해를 돕고, '변증'을 통해 불신자가 품은 질문에 대한 적절한 답을 제시한다. 그리고 '삶으로 전도하는 방법'까지 소개한다. 복음의 이해도를 5중으로 높여 주기 때문에 전도 대상자가 더 쉽게 복음을 이해하고 받아들인다. 그리고 예수님을 구주로 믿은 후에 신앙 성장도 빠르다.

2) 일방적인 복음 제시와는 달리 대상자를 최대로 존중하면서 전도한다. 복음에 관한 불신자의 이해도를 높여 가는 것에 초점을 두고 복음을 설명한다.

3) 전도하는 과정에서 전도대상자의 기존 세계관이 깨뜨려짐으로 인해 예수 믿은 후에 삶의 변화가 뚜렷하다.

4) 전도의 은사가 없는 사람도 복음을 쉽게 전할 수 있다.

5) 오늘 예수님을 믿은 초신자라도 바로 전도를 시작할 수 있다. 성경책만 있으면 자기가 들은 복음을 이 전도법에 따라 다른 사람들에게 그대로 전달할 수 있다. 따라서 전도의 '골든 타임'을 최대한 활용할 수 있게 된다. 전도의 골든 타임이란 예수님을 믿고, 가족과 지인들에게 복음을 전하고자 하는 마음이 가장 뜨겁고 강할 때를 말한다. 일반 교회에서는 예수님을 믿은

지 오래된 성도들을 중심으로 전도 훈련을 하는 경향이 있다.

6) 복음 제시와 성경 공부를 병행하므로 예수님을 영접한 대상자
는 자연스럽게 성경을 스스로 읽고 공부하는 좋은 습관을 갖
게 된다. 따라서 신앙의 성장이 빠르다.

7) 전도 시 대상자의 이의 제기와 저항에 부딪히면 설득의 과정
을 통해 해결할 수 있다.

8) 이미 관계가 형성된 사람들에게 복음을 제시하므로 실패하더
라도 복음을 전할 기회가 계속적으로 주어진다는 장점이 있
다. 또한 예수님을 구주로 영접한 대상자의 지속적인 관리가
가능하다.

9) 전도의 은사가 없는 사람은 낯선 사람들에게 전도하기가 어려
운데, 친숙한 사람들에게 일대일로 복음을 전하므로 전도에 대
한 심적 부담과 스트레스가 훨씬 적다.

10) 성경을 통해 복음을 접하므로 믿음의 근거가 확실하고, 타 종
교 사람들이나 이단을 만났을 때도 흔들림 없이 자신의 신앙
을 변증할 수 있다.

11) 복음을 제시할 때, 상대방으로 하여금 성경 말씀을 직접 읽
게 함으로써 성령의 직접적인 역사하심을 기대할 수 있다.

12) 전도 대상자가 복음의 내용을 이해하고 동의해 가는 일련의
과정이 매우 논리적이다. 미국 컬럼비아 국제 대학의 스테인

(Dr. Steyne) 교수는 "전도는 불신자에게 있어, 복음의 내용에 관한 이해와 동의의 연속 과정이다"라고 말한다.

1장

은사가 없는 사람도
전도할 수 있을까?

당신은 왜 전도하지 않는가?

"최근에 전도해 본 적이 있습니까?"

"당신은 왜 전도를 하지 않나요?"

그리스도인들에게 전도에 관해 물으면, 대부분 이렇게 대답한다.

"전도는 너무 어려워요. 전도의 은사가 없어서 그런지 잘 못 하겠어요."

"전도는 은사가 있는 사람들이나 하는 것이지 저같이 은사가 없는 사람은 기도나 해야죠."

그래서 나는 "전도의 은사가 없는 사람들은 어떻게 전도해야 할까?"라는 주제로 책을 쓰기로 했다.

이 책은 전도의 은사를 활용하는 법에 관한 책이 아니다. 오히려 전도의 은사가 없어서 전도하지 못하겠다는 사람들에게 전도하는 방법을 가르쳐 주는 책이다.

전도의 은사가 없는 사람이란?

'전도의 은사가 없는 사람'이란 어떤 사람일까? 나는 전도의 열정이 없거나, 전도할 의욕이 없거나, 전도해야 하는 이유와 중요성을 알지 못하는 사람들을 모두 '전도의 은사가 없는 사람'으로 간주한다.

만약 아래의 다섯 가지 항목에서 두 가지 이상 해당한다면, 전도의 은사가 없는 사람이라고 말할 수 있다.

1) 나는 복음 전파의 사명이 있음을 알고는 있지만, 실제로 전도를 하지는 못한다.

2) 전도는 나에게 감당하기 어려운 부담이고, 전도할 때마다 기쁨이 없고 스트레스만 쌓인다.

3) 친숙한 몇몇 사람에게만 전도를 시도해 봤을 뿐 낯선 사람에게는 복음을 전해 본 적이 한 번도 없다.

4) 훈련받은 전도법과 조금만 다른 반응이 나와도 어떻게 대처해야 할지 몰라 전도를 중단하게 된다.

5) 나에게 복음이란 여전히 지식과 신학의 영역이다. 그래서 전도할 때 교리적 지식만을 전달하게 된다. 뭔가 더 새롭고 효과적인 전도법이 필요하다.

예수님은 모든 그리스도인에게 복음 전파의 사명을 주셨다.

오직 성령이 너희에게 임하시면 너희가 권능을 받고 예루살렘과 온 유대와 사마리아와 땅끝까지 이르러 내 증인이 되리라 하시니라(행 1:8)

또 이르시되 너희는 온 천하에 다니며 만민에게 복음을 전파하라 믿고 세례를 받는 사람은 구원을 얻을 것이요 믿지 않는 사람은 정죄를 받으리라(막 16:15-16)

그러므로 너희는 가서 모든 민족을 제자로 삼아 아버지와 아들과 성령의 이름으로 세례를 베풀고 내가 너희에게 분부한 모든 것을 가르쳐 지키게 하라 볼지어다 내가 세상 끝날까지 너희와 항상 함께 있으리라 하시니라(마 28:19)

그러나 이 사명을 수행할 생각조차 못 하는 그리스도인이 많다. 성경 말씀을 무시하는 것이 곧 하나님을 무시하는 것임을 미처 인식하지 못한 탓이다.

'전도의 은사가 없다'고 해서 주님이 주신 복음 전파의 사명에서 예외가 될 수는 없다. 사실, 전도의 은사가 있는 성도는 아주 극소수에 불과하다. 만약 교회가 이 극소수의 사람들에게만 복음 전도를 의지한다면, 교회는 결코 부흥할 수 없을 것이고 하나님 나라도 확장될 수 없다.

그렇다면 전도의 은사가 없는 사람은 어떻게 전도해야 할까?

전도의 은사가 있는 사람은 따로 훈련받지 않아도 성령의 인도에 따라 전도할 수 있다. 그러나 전도의 은사가 없는 사람은 성령의 인도가 있어도 전도하기가 어렵다. 전도 훈련이 필요한 이유가 이것이다.

만약 어떤 사람이 50년간 1,000명을 전도했다면, 그 사람은 분명히 전도의 은사가 있는 사람이다. 그러나 그 1,000명을 잘 관리하고 양육하기가 어렵다는 것이 문제다.

전도의 은사가 없는 사람은 전도의 은사가 있는 사람처럼 다수를 전도할 수는 없다. 하지만 자기가 전도한 소수를 잘 섬기고 관리하며 양육할 수는 있다. 예를 들어, 전도의 은사가 없는 사람이 10년간 다섯 명을 전도한다면 그 다섯 명만큼은 주님의 사랑으로 잘 보살피고 양육할 수 있다는 뜻이다.

그런데 그가 전도한 다섯 명도 모두 전도의 은사가 없는 사람들이라고 가정할 때, 그들도 마찬가지로 10년간 다섯 명씩을 전도한다면 다 합쳐 25명이 된다. 이런 식으로 50년간 계속 전도가 이어진다면, 10년 후에 1×5=5명, 20년 후에 5×5=25명, 30년 후에 25×5=125명, 40년 후에 125×5=625명, 50년 후에는 625×5=3,125명이 된다.

숫자적인 증가를 말하려는 것이 아니다. 내가 말하고 싶은 것은, 전도의 은사가 없는 사람이 평생 아주 적은 소수에게 복음을 전할지라도 전도의 은사를 가진 사람 못지않게 많은 열매를 맺을 수 있다는 것이다. 그리고 신앙의 신실성에서도 잘 관리 받고 양육된 소수가 오히려 양육을 제대로 받지 못한 다수보다 훨씬 나을 수 있다는 사실을 말하려는 것이다.

현재 많은 교회가 침체기를 겪고 있다. 지금이야말로 그동안 전도의 은사가 없다는 이유로 복음 전하는 사명을 회피해 왔던 성도들이 복음 전도에 앞장서야 할 때다. 이 새로운 전도법이 새롭게 각오하는 사람들에게 매우 실제적인 도움을 줄 것이라 확신한다.

전도의 은사가 없는 사람의 전도 실천 강령 ─────────

전도할 때 주의 사항과 실천 사항을 20가지로 정리하였다.

1) 전도의 은사가 없음을 스스로 인정해야 한다.

대책 없이 즉흥적으로 전도하지 말고, 전도 자료를 반복해서 읽고, 암송하고, 연습하라. 전도하기에 가장 좋은 기회를 기다리며 기도하고, 성령의 인도하심에 따라 복음을 전하라.

2) 먼저, 자신이 충분히 복음화되어 있어야 한다.

복음이 지식에 머물지 않고, 자기 자신에게 진정한 복음, 곧 좋은 소식(Good news)이 되어야 한다. 그렇지 않은 전도는 단지 교리적인 지식 전달에 불과하다. 자신이 충분히 복음화 되어야만 다른 사람들에게도 생명력 있는 복음을 전할 수 있다.

3) 진실하고 정직한 말로 전도하라.

전도하기 위해서라면 약간의 거짓을 섞어도 된다는 생각을 버려라. 나중에 그로 인해 큰 시험과 어려움에 부딪힐 수 있다.

4) 홈그라운드의 이점을 활용하라.

스포츠 경기를 보면, 강팀이 원정 경기를 할 때 약팀과 비기거나 지는 것을 종종 본다. 전도할 때도 마찬가지다. 은사가 없는 사람이 낯선 곳에서 전도하면, 준비한 대로 복음을 자신 있게 전하기가 어렵다. 오히려 불신자가 대화의 주도권을 잡게 되는 경우가 많다.

그러므로 전도자 본인이 익숙하고 심적으로 편안함을 느끼는 곳에서 홈그라운드의 이점을 최대로 살려 전도할 필요가 있다. 가장 좋은 방법은, 자기 집에 초대하여 전도하는 것이다. 집으로 초대하기 어려운 경우에는 전도자가 편안함을 느끼는 익숙한 장소에서 복음을 전하는 것이 좋다.

5) 섬김으로 전도하라.

전도자는 대상자의 필요를 항상 주의 깊게 관찰하고, 작은 필요를 섬기면서 복음을 전해야 한다. 대상자의 마음이 긍정적으로 열리도록 적절한 공감대를 형성하는 것이 필요하다. 대화할 때 상대의 말을 경청하라. 만약 대상자를 집으로 초대한다면 말끔히 청소하여 청결하게 하고, 그가 좋아하는 음식이나 간식을 미리 파악하여 준비해 놓고, 부담되지 않는 선에서 작은 선물을 준비하는 것이 좋다.

6) 전도 대상자는 가까이에 있다.

대상자를 굳이 먼 곳이나 모르는 사람들 중에서 찾지 말고, 일상에서 만나는 사람들이나 휴대폰 안에 있는 연락처 목록에서 찾으라. 하나님은 내가 복음을 전해야 할 사람들을 이미 알려 주셨다. 기도하면서 성령의 인도하심을 따라 순서대로 복음을 전하면 된다.

7) 전도 대상자와 좋은 관계를 맺어라.

전도의 은사가 없는 사람은 낯선 사람이나 모르는 사람에게 복음을 전하는 데 어려움이 있다. 그러므로 전도 대상자들과 평소에 좋은 관계를 유지하는 것이 필요하다.

8) 한 번에 한 영혼에게만 충실하라.

여러 명을 한꺼번에 전도하려는 욕심을 버려라. 한 사람의 영혼을 구원하는 데 초점을 맞추라.

9) 칭찬과 격려와 인정하는 긍정적인 말을 하라.

상대방을 판단하는 말이나 날카롭게 비판하는 말보다는 칭찬하고 격려하고 인정하는 말을 많이 하라. 따뜻한 말 한마디가 불신자의 마음을 예수님께로, 또 교회로 향하게 할 수 있다. 그러나 습관적인 칭찬과 격려의 말은 효과가 없다. 한마디를 하더라도 진정성 있게 해야 한다.

10) 전도는 성령의 사역임을 기억하라.

내가 다른 사람에게 구원을 주는 것이 아니다. 성령께서 구원받을 자에게 믿음을 주시고 회개케 하신다. 나의 역할은 대상자에게 복음의 내용을 온전히 전달하는 것이다. 전도란 나를 통해서 역사하시는 성령의 사역임을 기억하고, 복음을 전할 때 성령의 인도하심에 순종해야 한다.

11) 일대일(1:1)로 복음을 전하라.

전도의 은사가 있는 사람은 많은 사람에게 한꺼번에 복음을 전할 수 있다. 그러나 전도의 은사가 없는 사람은 반드시 일대일로 복음을 전해야 한다. 예를 들어, 전도자가 부부를 전도한다고 하자. 부부 중 한 사람은 복음을 받아들이려고 하는데, 다른 한 사람이 거절한다면 결국 두 사람 다 예수님을 믿지 않게 된다. 전도의 은사가 없는 사람은 그런 상황에 부딪혔을 때 문제를 해결하거나 상황을 바꿀 만한 능력이 없기 때문에, 시간이 걸리고 번거롭더라도 일대일로 한 명씩 전도하는 것이 필요하다.

12) 남자는 남자가, 여자는 여자가 전도하라.

남자가 여자를 전도하고 여자가 남자를 전도하게 되면, 대상자가 예수님을 영접한 후에 지속적으로 관리하거나 양육하기가 어려워진다. 신앙의 교제라도 이성끼리 자주 만나다 보면, 심각한 가정 문제를 일으킬 수도 있기 때문이다. 이성을 전도해야만 할 때는 대상자를 교회로 인도하여 훈련되고 준비된 소그룹 리더나 목회자를 통해 복음을 듣게 하는 것이 가장 좋은 방법이다.

13) 복음을 제시할 때, 축복 기도부터 시작하라.

복음을 제시하기 전에 대상자와 함께 짧게라도 기도하라. 이

때 기도의 내용이 중요하다. 대상자의 가족 사항과 가정사를 미리 숙지하고, 그들을 위해 축복기도를 하라. 전도자의 간절한 기도에 대상자는 마음이 열리고, 전도자가 전하는 복음의 내용을 감사와 긍정적인 마음으로 듣게 된다.

14) 복음을 전하는 동안 방해받지 않도록 휴대폰을 꺼 줄 것을 정중히 요청하라.

전도할 때, 마귀가 휴대폰을 통해 방해할 수 있다. 그러니 방해받지 않도록 휴대폰을 꺼 달라고 정중히 요청하는 것이 좋다. 전화가 올 때 바로 확인하지 못하면 궁금하고 마음이 조급해진다. 그뿐만 아니라 문자 내용을 읽는 순간 집중력이 흐트러지고, 답장을 하려하거나 다른 생각을 하게 된다. 그러므로 복음을 제시하기 전에 휴대폰을 반드시 무음으로 하거나 아예 끄도록 요청해야 한다.

15) 복음을 제시하는 동안은 질문을 받지 마라.

사람에게는 교만의 죄성이 있다. 자기가 아는 내용이 조금이라도 나오면 알은체하고 싶어진다. 또 의문점에 관해서는 매우 날카로운 질문을 던질 수도 있다. 그때 전도자가 답변을 제대로 하지 못하면 신뢰감이 떨어져 더 이상 복음의 내용을 들으려고 하지 않는다. 무엇보다 질문부터 받다 보면, 시간이 오래 걸릴 뿐만 아니라 전도가 아닌 토론의 장으로 바뀔 수 있다.

그러므로 복음을 전하기 전에 먼저 반드시 대상자에게 이렇게 정중히 부탁하라.

"혹시 질문이 있더라도 시간 절약을 위해, 제 설명이 다 끝난 다음에 해 주시면 감사하겠습니다."

16) 동영상 자료의 활용은 자제하라.

복음을 전할 때, 기적적인 장면이 담긴 동영상을 사용하면 대상자는 계속해서 유사한 동영상을 보여 달라고 요구할 수 있다. 나중에 성경으로 양육하기가 힘들어진다.

17) 간증은 되도록 짧게 하라.

전도할 때, 내 말은 별로 중요하지 않다. 하나님의 말씀이 중요하다. 부득이 간증을 나누게 될 때는 예수님을 믿고 난 후 겪었던 변화에 초점을 맞추라(예를 들어, 세계관, 인생 목표, 부부 관계, 자녀와의 관계, 삶의 우선순위, 일과 직업, 성품 등의 변화에 관해 말하면 좋다).

18) 성경의 권위를 높이라.

성경은 우리 구원과 믿음의 근거를 제공한다. 대상자가 성경을 신뢰하고, 스스로 성경을 읽고 싶은 마음이 들도록 성경의 권위를 높이는 것이 중요하다. 대상자가 성경에 관해 호기심을 느끼도록 관심을 한껏 북돋워 줄 필요가 있다.

19) 전도할 때, 성경 구절을 읽어야 할 때는 반드시 대상자가 직접 읽게 하라.

하나님의 말씀은 "살아 있고 활력이 있어 좌우에 날 선 어떤 검보다도 예리하여 혼과 영과 및 관절과 골수를 찔러 쪼개기까지"(히 4:12) 하는 능력이 있다. 대상자가 성경 말씀을 직접 읽을 때, 성령의 조명하심을 더욱 기대할 수 있다.

20) 전도 대상자를 위해 기도해야 한다.

대상자를 위해 지속적으로 기도하고 관심을 기울여야 한다. 기도하지 않으면 사탄이 역사하고, 기도하면 성령께서 역사하신다.

왜 우리는 복음을 전해야 하는가?

그 안에서 너희도 진리의 말씀 곧 너희의 구원의 복음을 듣고 그 안에서

또한 믿어 약속의 성령으로 인치심을 받았으니(엡 1:13)

성령으로 인침을 받은 자는 이 땅에서 감당해야 할 사명이 있는
자다. 성령으로 거듭난 사람은 모두 복음을 전하는 사명자의 삶을
살아야 한다.

우리가 세상에 아무것도 가지고 온 것이 없으매 또한 아무것도 가지고 가

지 못하리니(딤전 6:7)

인생은 출생과 죽음 사이의 시간이다. 우리는 지금이라는 시간을 살고 있다. 사람들은 천국에 가져갈 수 없는 것들을 위해 날마다 수고하고 노력하며 애쓰고 있다.

그러나 지혜로운 사람은 천국에 가져갈 수 있는 것들을 위해 살아간다. 그것은 무엇인가? 이 세상에서 가장 가치 있고, 가장 중요하고, 가장 의미 있는 것은 바로 복음이다. 그러므로 우리는 이 복음을 다른 사람들에게 전해야 한다.

죽은 후에 우리는 모두 동일한 질문 앞에 서게 될 것이다.

"나는 너의 죄를 속하기 위해 십자가에서 희생 제물이 되었는데, 너는 나를 위해 무엇을 하였느냐? 내가 십자가에서 한 일을 너는 다른 사람들에게 증거하였느냐?"

주님은 이 땅에 오셔서 친히 복음이 되셨고, 복음의 씨앗으로 뿌려지셨다. 그러므로 주님은 우리에게 복음의 열매를 반드시 요구하신다.

내가 선교 단체에서 신입 선교사들을 훈련할 때의 일이다. 아프리카 모잠비크에서 사역하던 한 선교사가 나에게 이런 질문을 했다.

"모잠비크에서 사역하고 있는 서양 선교사들로부터 이런 말을 자주 듣습니다. '선교지에서 20년이 지나니 이제는 너무 지쳐서 아무런 의욕도 없고, 시든 식물처럼 구원의 감격과 감사를 다 잃게 되었다'고요. 왜 선교 사역을 오래 하면 그렇게 될까요? 그런 분들은 앞으로 어떻게 해야 합니까?"

훈련에 참여한 다른 선교사들도 중요한 질문이라고 생각되었는지 모두 내가 어떤 대답을 내놓을지 집중하며 귀를 기울였다. 내가 말했다.

"이 세상을 사는 동안에 스트레스를 받지 않고 살 수는 없습니다. 그러나 만약 우리가 감당해야 하는 스트레스나 수고보다 기쁨과 감사가 더 크다면 우리는 그것을 얼마든지 이겨 낼 수 있고, 맡겨진 사명을 계속 감당해 나갈 수 있습니다."

이어서 이렇게 말했다.

"여러분, 선교지에서 한 영혼 한 영혼의 구원에만 집중하시기 바랍니다. 한 사람이 예수님을 믿고 구원받아 그 사람의 인생이 놀랍게 변화되고, 그가 성령의 열매들을 맺어 가는 것을 보면, 그 기쁨과 감사가 어찌나 큰지 이제까지의 수고와 스트레스는 몽땅 잊고 미래를 향한 큰 기대와 희망으로 부풀게 됩니다."

내 대답을 들은 선교사들의 표정이 밝아졌고, 몇몇 선교사들은 전도법에 관한 책이 빨리 출간되면 좋겠다고 말했다.

전도할 때, 구원의 감격과 기쁨이 넘친다.

전도할 때, 희망이 생긴다.

전도할 때, 나 자신이 얼마나 큰 죄인인지를 알게 된다.

전도할 때, 주님의 십자가를 더 잘 이해하게 된다.

전도할 때, 성령으로 충만하게 된다.

전도할 때, 영적 전투의 승리를 경험한다.

전도할 때, 주님의 뜻을 더욱 분명히 알게 된다.

전도할 때, 믿음이 커진다.

전도할 때, 주님의 사랑이 나에게도 넘친다.

전도해야 하나님 나라가 확장된다.

전도해야 영적 자녀들을 낳을 수 있다.

전도해야 좋은 영성을 유지할 수 있다.

전도해야 교회가 부흥한다.

또 이르시되 너희는 온 천하에 다니며 만민에게 복음을 전파하라 (막 16:15)

거듭난 모든 그리스도인에게는 복음 전파의 사명이 있다. 그리스도인은 구원받는 순간 다른 사람에게 복음을 전하도록 주님에 의해 디자인되었다.

그럼, 어떻게 전도할 것인가?

첫째, '성경'을 통해 복음의 핵심 내용을 설명하라.

둘째, '설득의 과정'을 통해 부족한 이해를 도우라.

셋째, '변증'을 통해 적절한 답을 제시하라.

넷째, '삶'으로 전도하라.

이제 '성경'을 통해 복음을 전하는 법부터 차례대로 살펴보자.

Personal Evangelism Made Easy

2장

성경으로
복음의 핵심 설명하기

기존 세계관을 깨뜨리라

성경은 예수님에 관한 책이다.

너희가 성경에서 영생을 얻는 줄 생각하고 성경을 연구하거니와 이 성경
이 곧 내게 대하여 증언하는 것이니라(요 5:39)

성경은 구약과 신약으로 구성되어 있다. 구약은 오실 예수님에
관한 기록이고, 신약은 오신 예수님에 관한 기록이며 요한계시록은
다시 오실 예수님에 관한 기록이다.

우리는 여러 방법을 통해 전도할 수 있다. 그러나 반드시 성경을
통해 복음의 핵심 내용을 자세히 설명해 주는 것이 필요하다. 왜냐

하면 구원의 약속과 근거가 모두 성경에 기록되어 있기 때문이다.

복음을 전할 때, 먼저 기도로 시작하라. 기도한 뒤에는 대상자에게 한 시간 동안 휴대폰을 무음으로 하거나 아예 끄도록 정중히 요청하라. 대상자가 보는 앞에서 전도자 자신부터 휴대폰을 꺼야 한다. 전도에 임하는 진지한 태도를 보여 준다는 의미가 있다.

그리고 대상자의 세계관을 재빨리 파악하고, 그것을 깨뜨리는 작업을 해야 한다. 대상자의 세계관을 파악하기 위해서는, 그가 무엇을 가장 중요하게 여기고, 무엇에 가장 큰 의미와 가치를 두는지를 알아야 한다.

이때 다음과 같은 질문들을 사용하라.

"당신에게 가장 중요한 것은 무엇입니까?"

이 질문을 좀 더 구체화하면 이렇게 물을 수 있다.

"건강, 돈, 가족, 일, 승진, 학업, 신앙 등에서 가장 중요하고 가치 있게 여기는 것은 무엇입니까?"

"그것들의 우선순위를 정한다면, 어떻게 나열하겠습니까?"

이런 질문들을 통해 대상자는 자신이 무엇을 추구하고 있고, 자신에게 있어 무엇이 중요하고, 현재 무엇을 위해 살고 있는지 스스로 생각해 보게 되고, 전도자는 그의 가치관과 세계관을 어느 정도 파악하고서 복음을 전하기 위한 복음적 대화를 시작할 수 있다.

사람은 자신의 세계관에 약간의 균열만 생겨도 본능적으로 그 벌어진 틈을 다른 것으로 메우려는 경향이 있다. 기존 세계관에 균열을 내야만 비로소 복음의 메시지를 그 안으로 밀어 넣을 수 있게 된다.

세계관(World-view)이란 무엇인가?

세상을 바라보는 관점을 의미하는 세계관은 안경과도 같다. 사람은 세계관이라는 틀(frame)을 통해 세상을 인식하기 때문이다. 저마다 세상을 보는 자기만의 관점이 있으며, 그것을 바탕으로 신념과 철학과 살아가는 방식을 구축한다. 즉 각 세계관에 따라 인격, 사상, 가치관이 형성되고, 선택과 결정이 달라지며 그럼으로써 인간관계와 인생의 방향도 달라진다.

따라서 세계관이 바뀌지 않으면, 설령 영접 기도를 했다고 하더라도 삶에 아무런 변화도 일어나지 않을 수 있다. 성령의 도우심으로 기존의 세계관이 성경적인 세계관으로 바뀔 때 비로소 진정한 그리스도인으로의 변화를 기대할 수 있다. 그러므로 전도와 선교는 성경적 세계관으로의 변화에 초점을 두어야 한다.

세상에 많은 종교가 존재하는 이유

인간에게는 물질적인 측면과 비물질적인 측면이 있다. 인간은 육체와 영혼을 가진 존재다. 그러므로 인간은 두 가지의 기본적인 필요가 있다. 곧 육체적인 필요와 영혼의 필요다.

육체적인 필요를 대표하는 요소는 의식주다. 사람은 배고프면 먹어야 하고, 추우면 입어야 하고, 피곤하면 자고 쉬어야만 한다. 이러한 육체적인 필요는 '돈'(money)만 있으면 모두 해결된다.

그러나 영혼의 필요는 이와 다르다. 돈으로는 해결되지 않는다. 그래서 돈 많은 부자들도 마음의 공허함을 이기지 못하고, 순간적인 쾌락과 각종 중독에 빠지거나 심한 우울증으로 극단적인 선택을 하기에 이르기도 한다. 영혼의 필요를 채우기 위해서는 '신앙'이 필요하다. 그런데 문제는 신앙의 종류가 너무나 많다는 것이다(어떤 사람은 재물을, 부모를, 타 종교를, 조상을, 자신의 능력과 재능을, 주먹을, 신념을, 그리고 어떤 사람은 이데올로기를 의지한다).

세상에는 많은 종교들이 있다. 이것은 무엇을 의미하는가? 어딘가에 진짜 종교가 있다는 뜻이다. 마치 진짜 지폐가 있기에 수많은 위조지폐가 있는 것과 같다.

위조지폐가 존재하는 이유는 무엇인가?

1) 진짜 지폐가 존재하기 때문이고,
2) 돈이 모든 사람에게 절대적으로 필요한 것이기 때문이며,
3) 돈이 모든 사람에게 아주 중요하며 큰 가치가 있기 때문이다.

이 세상에는 많은 종교가 있다. 왜 이렇게 많은 종교가 존재할까? 그 이유는

1) 진짜 종교가 이 세상에 존재하기 때문이고,

2) 모든 사람에게 신앙이 반드시 필요하기 때문이며,

3) 신앙은 모든 사람에게 아주 중요하고 큰 가치가 있기 때문이다.

진짜와 가짜를 구별하라

먼저, 위조지폐를 구별하는 법을 살펴보자.

지폐의 빈 곳을 빛에 비추어 보고, 손으로 만져서 질감을 느껴 본다. 대개 위조지폐는 진짜 지폐와는 다른 감촉이 느껴진다. 미국 달러 지폐의 원단은 면 75%와 리넨 25% 혼용이고, 한국의 원화 지폐는 면섬유로 만들어진다. 하지만 위조지폐는 주로 일반 종이를 사

용한다. 지폐의 두께로도 식별할 수 있다. 진짜 지폐가 위조지폐보다 더 얇다. 또한 지폐를 접었을 때 잉크색이 변하는지를 확인하는 방법도 있다. 위조지폐의 식별법이 다양하듯이 진짜 종교와 가짜 종교를 구별하는 방법 또한 여러 가지다.

진짜 종교는 다음 세 가지 필수 조건을 충족해야 한다.

첫째, 그 종교의 신이 만물의 창조자여야 한다. 그렇지 않으면 '그 신은 누가 만들었는가?'라는 질문에 부딪힌다.

둘째, 피조물은 신이 될 수 없다. 성경에 나오는 하나님의 이름 '여호와'는 "스스로 있는 자"(출 3:14)를 뜻하며 영어로는 "I am who I am"이고, 이는 여호와 하나님은 피조물이 아니심을 증거한다.

[여호와(Jehovah)는 하나님이 사람에게 밝히신 자신의 이름이다. 출애굽기 3장 14절 "하나님이 모세에게 이르시되 나는 스스로 있는 자니라…"에서 "나는 스스로 있는 자"는 히브리어로 '예흐예 아쉐르 예흐예'이고, 여기서 '아쉐르'(who)는 관계 대명사, '예흐예'는 '하야'(be) 동사의 미완료형으로 1인칭 단수다. 직역하면, '나는 나다, 나는 스스로 존재하는 자다' 등으로 번역할 수 있다.]

셋째, 역사가 가장 긴 종교여야 한다. 예를 들어, 불교의 역사는 약 2,500년이다. 3,000년 전에는 불교가 이 세상에 존재하지 않았다. 그러나 기독교의 역사는 첫 인류인 아담과 하와 때부터 시작되는 가장 긴 역사를 가지고 있다.

성경의 권위를 높이라 ────────────

    전도 대상자의 세계관을 깨뜨리는 작업을 하고 나면 곧바로 성경을 소개하라. 이때 중요한 것은 성경의 권위를 최대한 높이는 것이다. 성경의 권위를 높여야만 대상자가 성경에 관한 호기심과 신뢰감을 동시에 갖게 된다.

    사람들은 전도할 때 자기 말을 너무 많이 한다. 그러나 사실, 전도할 때 나의 말은 그다지 중요하지 않다. 중요한 것은 나의 말이 아닌 하나님의 말씀이다.

    성경책을 들어 보이면서, 대상자에게 이렇게 질문하라.

    "당신은 성경을 읽어 본 적이 있습니까?"

    대상자는 읽어 본 적이 없다고 대답하면서도 성경에 관한 호기심을 갖게 될 것이다.

전도자가 성경을 소개한다.

성경은 하나님의 계시다. 성경은 역사상 최고의 베스트셀러다. 세계에서 가장 많이 출판되고, 가장 많이 팔리는 책이 성경이다.

성경은 1,600년(구약 약 1,500년, 신약 100년)이란 오랜 기간에 걸쳐 기록되었고, 40여 명의 저자들에 의해 기록되었다. 그런데 이들 저자들은 각기 다른 시대를 살았으며, 한자리에 모여서 성경의 구성과 내용에 관해 의논하거나 회의한 적이 단 한 차례도 없다. 그런데도 성경의 주제는 서로 일치하고, 그 내용이 처음부터 끝까지 일관성과 통일성을 유지하고 있다. 이것은 무엇을 의미하는가? 성경의 진정한 저자가 40여 명의 인간이 아닌 그 배후에 계신 하나님이심을 증명하는 것이다.

성경이 이 사실을 스스로 증거한다.

예언은 언제든지 사람의 뜻으로 낸 것이 아니요 오직 성령의 감동하심을 받은 사람들이 하나님께 받아 말한 것임이라(벧후 1:21)

여기서 "예언"이란 성경을 가리킨다. 즉 성경은 하나님의 영이신 성령의 감동하심을 받은 사람들이 하나님께 계시받아 기록한 것이다.

또한 성경은 예수님에 관해 증거하는 책이다.

너희가 성경에서 영생을 얻는 줄 생각하고 성경을 연구하거니와 이 성경
이 곧 내게 대하여 증언하는 것이니라 (요 5:39)

성경은 인간의 가장 근본적이고 필연적인 다음 질문들에 명확한
답을 제공하는 유일한 책이다.

"나는 누구인가?"

"나는 왜 태어났는가?"

"내가 이 땅에 존재하는 목적은 무엇인가?"

"인간은 왜 고통과 고난 속에서 살아가는가?"

"어떻게 사는 것이 올바르게 사는 것인가?"

"인간은 왜 태어나면 반드시 죽어야만 하는가?"

"인간이 죽은 후에는 어떻게 되는가?"

"정말로 천국과 지옥이 있는가?"

"진리란 무엇인가?"

"누가 우주 만물을 창조했는가? 무엇을 위해? 왜 창조하였는가?"

"하나님은 어떤 분이신가?"

"예수님을 믿어야만 구원이 있는가?"

이 질문들에 대한 답을 모르면, 인생은 그저 허무하며 모든 수고가 헛되고, 끝없이 반복되는 번민과 우울과 방황과 절망의 연속일 뿐이다. 이 세상의 많은 책들이 인간이 갖는 이런 근본적인 문제들에 관해 많은 질문을 토해 낸다. 하지만 이 질문들에 대한 명확한 답을 제공하는 것은 성경이 유일하다.

실전 창세기 1-3장을 읽고 설명하기

하나님은 왜 만물을 창조하셨는가?
하나님의 창조 목적은 무엇인가?
이 질문의 답을 성경이 제공한다.

※ 복음 제시를 위해 성경을 읽을 때, 주의할 점

1) 전도자가 읽지 말고, 대상자로 하여금 직접 성경 말씀을 읽게 한다.
   대상자가 말씀을 읽을 때, 전도자는 경청하면서 다음에 설명할 내용들을 미리 살펴본다. 이때 전도자는 부록에 있는 간략한 전도법 자료를 사용한다.

2) 대상자가 성경 말씀을 직접 읽을 때, 성령의 조명하심으로 이해되는 부분도 있지만, 동시에 의문점이 생길 수 있다. 그래서 보충 설명이 필요하다.

3) 대상자가 창세기 1장을 다 읽고 나면, 전도자는 "발음이 아주 좋다. 목소리도 참 좋다"라고 칭찬하며 격려한 뒤 바로 이어 질문한다. "방금 읽은 창세기 1장의 내용이 무엇인지 이해가 되십니까?" 그러면 대개 "하나님이 6일 동안 창조하신 것들에 관한 내용인 것 같습니다"라고 대답한다. 이때 전도자는 "제가 몇 군데 보충 설명을 해도 되겠습니까?" 하고 양해를 구한 뒤, 바로 1장의 중요 구절들을 찾아 간략히 설명해 준다.

다음은 창세기 1장부터 3장까지의 보충 설명의 실전 사례다.

창세기 1장

창세기 1장을 읽어 보십시오.

태초에 하나님이 천지를 창조하시니라(창 1:1)

하나님은 천지 만물의 창조자이십니다. 하나님은 무에서 유를 창조하셨습니다(창 1:2).

하나님이 이르시되 하늘의 궁창에 광명체들이 있어 낮과 밤을 나뉘게 하고 그것들로 징조와 계절과 날과 해를 이루게 하라(창 1:14)

하나님이 시간을 만드셨습니다. 그러므로 하나님은 역사의 주인이자 주관자가 되십니다. 우리 인생도 하나님의 것이므로 하나님의 영광을 위해 사용되어야 합니다. 인간이 얻을 수 있는 최대의 행복은 하나님이 받으시는 최대의 영광과 일치합니다. 그래서 하나님의 영광을 위해 살 때, 내 인생은 비로소 최고의 인생이 됩니다.

하나님은 생물을 창조하실 때, 처음부터 종(种)을 다르게 창조하셨습니다.

하나님이 큰 물고기와 물에서 번성하여 움직이는 모든 생물을 그 종류대로, 날개 있는 모든 새를 그 종류대로 창조하시니 하나님의 보시기에 좋았더라(창 1:21, 개역한글)

하나님이 가라사대 땅은 생물을 그 종류대로 내되, 육축과 기는 것과 땅의 짐승을 종류대로 내라 하시고 (그대로 되니라)(창 1:24, 개역한글)

하나님은 하늘의 새들과 바다의 물고기들과 땅의 동물들을 각기 "종류대로", 즉 종류(种类)를 다르게 창조하였습니다.

창조 때부터 지금까지 "종"(种)은 불변입니다.

사람은 사람, 동물은 동물, 식물은 식물입니다. 식물은 동물이 될 수 없고, 토끼는 고래가 될 수 없으며, 새는 하마가 될 수 없고, 개미는 코끼리가 될 수 없습니다.

그러므로 다른 종에서 인간이 진화되었다는 진화론은 틀린 이론입니다. 그러나 같은 종(种) 안에서는 진화가 가능합니다.

하나님이 이르시되 우리의 형상을 따라 우리의 모양대로 우리가 사람을 만들고 그들로 바다의 물고기와 하늘의 새와 가축과 온 땅과 땅에 기는 모든 것을 다스리게 하자 하시고 하나님이 자기 형상 곧 하나님의 형상대로 사람을 창조하시되 남자와 여자를 창조하시고(창 1:26-27)

"하나님의 형상"이란 말이 26절과 27절에 연이어 나옵니다. 인간이 하나님의 형상대로 창조되었다는 것은 무슨 뜻일까요? 하나님은 영적 존재이시므로 하나님의 형상대로 지어진 인간도 영적 존재라는 것입니다. 하나님은 인격적인 존재이시므로 인간도 지정의(知情意)를 가진 인격적인 존재입니다. 그래서 인간이 하나님과 교제할 수 있는 것입니다.

(또한 인간은 하나님의 속성을 가지고 있습니다. 사랑하고, 선을 베풀고, 창의적으로 물건을 만들 수 있습니다.)

그러나 하나님의 형상은 죄로 인해 심각한 손상을 입었습니다. 마치 새로 구입한 컴퓨터에 바이러스가 침투해 성능을 떨어뜨리는 것과도 같습니다.

사람은 누구나 자기 자녀를 특별히 사랑합니다. 자기 자녀가 분명히 부족한 면이 있고, 잘못하는 부분도 있고, 문제도 많은데, 왜 일방적이고 무조건적으로 자기 자녀를 사랑하는 것일까요? 그것은, 바로 자기 자녀가 자신의 형상을 가지고 있기 때문입니다.

하나님이 인간을 사랑하시는 이유는, 바로 인간이 하나님의 형상을 가지고 있기 때문입니다. 내가 하나님의 형상으로 지어졌다는 것은 내가 하나님의 특별한 사랑의 대상임을 의미합니다. 이것 하나만 확실히 알아도 우리는 기쁨에 겨워 우울증에 빠질 틈이 없습니다.

하나님이 예수님을 이 땅에 보내셔서 나의 죄를 대신해 십자가에서 죽게 하신 이유를 어디에서 찾을 수 있을까요? 바로 내가 "하나님의 형상"을 따라 지어진 존재라는 사실에서 찾을 수 있습니다.

하나님이 그들에게 복을 주시며 하나님이 그들에게 이르시되 생육하고

번성하여 땅에 충만하라, 땅을 정복하라, 바다의 물고기와 하늘의 새와

땅에 움직이는 모든 생물을 다스리라 하시니라(창 1:28)

여기서 우리는 하나님이 인간을 창조하신 목적을 알 수 있습니다.

첫째, 인간에게 복을 주시기 위함이고,

둘째, 인간을 만물의 대리 통치자요 관리자로 삼기 위함이며,

셋째, 인간을 통해 영광과 찬양을 받으시기 위함이고,

넷째, 인간으로 하여금 하나님과 교제하게 하기 위함입니다.

내가 내 영광을 위하여 창조한 자를 오게 하라 그들을 내가 지었고 만들

었느니라(사 43:7)

하나님의 형상으로 지어진 인간의 행복은 항상 하나님의 영광과

연결되어 있습니다. 부모도 자녀를 통해 영광을 얻습니다.

최고의 효도는 건강식품이나 용돈을 드리는 것이 아니라, 부모와

좋은 관계 안에서 친밀한 교제를 나누는 것입니다.

하나님이 지으신 그 모든 것을 보시니 보시기에 심히 좋았더라 저녁이 되

고 아침이 되니 이는 여섯째 날이니라(창 1:31)

완전하신 하나님이 창조하신 모든 것을 스스로 평가하십니다. 하

나님은 크게 만족하시며 창조가 완벽(perfect)했다고 평가하십니다.

그러므로 하나님은 죄의 조성자가 되실 수 없습니다. 죄는 바이러스

처럼 외부에서 에덴동산 안의 인간에게로 침입했습니다.

창세기 2장

여호와 하나님이 땅의 흙으로 사람을 지으시고 생기를 그 코에 불어넣으시니 사람이 생령이 되니라(창 2:7)

인간의 육체는 흙으로 지어졌으므로 죽으면 그 육체가 흙으로 돌아갑니다. 인간의 영혼은 하나님으로부터 주어졌으므로 죽으면 육체와 분리되어 하나님께로 돌아가야 하는데, 여기서 문제가 발생합니다. 하나님은 죄가 없으시고 거룩하시므로 죄와는 함께하실 수 없기 때문입니다.

창조주 하나님은 모든 영혼의 주인이십니다. 그러므로 인간의 영혼을 심판하실 수 있습니다. 예수님을 구주로 믿어 죄 문제를 해결하지 못한 영혼은 천국에 들어갈 수 없습니다. 하나님 나라의 감옥인 지옥에 가게 됩니다. 이 세상에서도 죄인들은 감옥에 갑니다. 이 세상에서는 죄를 짓고도 교묘히 숨길 수 있지만, 인간은 하나님 앞에서 아무리 작은 죄라도 숨길 수가 없습니다.

죄란 무엇입니까?

죄(罪)라는 한자를 보면, '넉 사'(四)와 '아닐 비'(非)로 이루어져 있습니다. 즉 죄는 '네 가지가 아니다'라는 뜻입니다. 그 네 가지는 불의(不義, 의롭지 않고), 부정(不正, 옳지 않고), 불선(不善, 선하지 않고), 불법(不法, 법을 지키지 않는)입니다.

사도 요한은 "죄를 짓는 자마다 불법을 행하나니 죄는 불법이라"(요일 3:4), 야고보는 "사람이 선을 행할 줄 알고도 행하지 아니하면 죄니라"(약 4:17)라고 말합니다.

이처럼 성경은 모든 인간이 죄인이라고 선언합니다.

모든 사람이 죄를 범하였으매 하나님의 영광에 이르지 못하더니(롬 3:23)

기록된 바 의인은 없나니 하나도 없으며 깨닫는 자도 없고 하나님을 찾는 자도 없고 다 치우쳐 함께 무익하게 되고 선을 행하는 자는 없나니 하나도 없도다(롬 3:10-12)

만일 우리가 죄가 없다고 말하면 스스로 속이고 또 진리가 우리 속에 있지 아니할 것이요(요일 1:8)

성경은 말합니다.

하나님을 모르는 것이 죄고,

하나님을 찾지 않는 것이 죄고,

하나님을 믿지 않는 것이 죄고,

하나님의 말씀대로 살지 않는 것이 죄고,

하나님을 의지하지 않는 것이 죄고,

하나님 외에 다른 우상을 숭배하는 것이 죄고,

죄가 없다고 하는 것이 죄고,

형제를 미워하는 것도 죄고,

그 형제를 미워하는 자마다 살인하는 자니 살인하는 자마다 영생이 그 속

에 거하지 아니하는 것을 너희가 아는 바라(요일 3:15)

예수님을 믿지 않는 것도 죄입니다.

죄에 대하여라 함은 그들이 나를 믿지 아니함이요(요 16:9)

그를 믿는 자는 심판을 받지 아니하는 것이요 믿지 아니하는 자는 하나님

의 독생자의 이름을 믿지 아니하므로 벌써 심판을 받은 것이니라 그 정죄

는 이것이니 곧 빛이 세상에 왔으되 사람들이 자기 행위가 악하므로 빛보

다 어둠을 더 사랑한 것이니라(요 3:18-19)

예수님은 마음으로 짓는 생각의 죄도 똑같은 죄라고 말씀하셨습

니다.

나는 너희에게 이르노니 음욕을 품고 여자를 보는 자마다 마음에 이미 간

음하였느니라(마 5:28)

성경에서 죄의 히브리어 '핫타'는 '표적을 빗나가다'라는 뜻이고,

헬라어 '하마르티아'는 '과녁을 빗나가다'라는 뜻입니다. 즉 하나님

이 인간을 창조하신 목적에서 빗나가는 모든 것이 죄가 됩니다.

창세기 2장 16-17절을 다시 읽어 봅시다.

여호와 하나님이 그 사람에게 명하여 이르시되 동산 각종 나무의 열매는

네가 임의로 먹되 선악을 알게 하는 나무의 열매는 먹지 말라 네가 먹는

날에는 반드시 죽으리라 하시니라(창 2:16-17)

하나님은 아담에게 선악과를 먹지 말라고 명령하십니다. 선악과를 먹으면 반드시 죽는다고 경고하십니다. 사실, 선악을 알게 하는 나무의 열매 안에 죽음과 영생이 들어있는 것은 아닙니다. 영생과 죽음은 하나님의 명령에 대한 인간의 순종과 불순종과 관계가 있습니다.

하나님은 인간을 지으실 때, 인간에게 자유 의지(free will)를 주셨습니다. 인간을 로봇이나 애완동물처럼 창조하지 않으셨고, 인간 스스로가 하나님을 자발적으로 사랑하고 찬양하고, 하나님 말씀에 순종하기를 원하셨습니다. 그러나 인간은 하나님이 주신 자유 의지를 잘못 사용하였습니다.

어떤 사람은 이런 의문을 제기하곤 합니다. "왜 하나님은 선악과를 만드셨는가? 애초에 선악과를 만들지 않으셨다면 이런 문제가 발생하지 않았을 것 아닌가?"

인간의 죄성은 항상 문제의 원인을 하나님 탓으로 돌리려고 합니다.

하나님이 선악과를 만드신 것은,

첫째, 그것이 하나님의 주권 행위이기 때문입니다. 미국의 수도가 워싱턴이고, 중국의 수도가 베이징이고, 한국의 수도가 서울인 것은 각 나라의 주권적인 결정입니다. 외국인이 '왜 수도를 여기로 하였는가' 하고 불평한다고 해서 수도가 바뀌지는 않습니다.

둘째, 에덴동산의 법과 규정을 세우시기 위함입니다. 세상의 어떤 공동체에도 법과 규정과 규칙이 있기 마련입니다. 태초에는 펜과 종이가 없었으므로, 동산 가운데 잘 보이는 곳에 선악을 알게 하는 나무를 두심으로써 하나님이 창조자이시며 통치자이심을 첫 인류에게 알게 하셨습니다.

셋째, 선악과는 하나님과 인간 사이의 행위 언약입니다. 선악과를 따 먹으면 죽게 되고, 먹지 않으면 살게 된다는 하나의 행위 언약입니다.

넷째, 하나님의 지혜이고 사랑입니다. 금지사항을 통해 인간은 하나님의 존재를 인식하고 경외하게 됩니다.

다섯째, 자유 의지를 가진 인간을 시험(test)하시기 위함입니다. 하나님은 아브라함을 믿음의 조상으로 삼으시기 전에 그의 아들 이삭을 바치라는 명령을 내리시어 시험하셨습니다.

창세기 3장

그런데 뱀은 여호와 하나님이 지으신 들짐승 중에 가장 간교하니라 뱀이 여자에게 물어 이르되 하나님이 참으로 너희에게 동산 모든 나무의 열매를 먹지 말라 하시더냐(창 3:1)

마귀는 자기와 속성이 같은 자를 찾아 이용합니다. 목적은 에덴동산의 파괴입니다.

마귀의 전략은 지금도 똑같습니다. 교만한 사람, 거짓말하는 사람, 이간질하는 사람, 교활한 사람 등 자기와 같은 속성을 가진 사람을 이용해 교회를 파괴하려고 온갖 악한 일들을 꾸미고 계획합니다. 우리가 항상 깨어 기도하지 않으면, 부지불식간에 마귀에게 이용당할 수 있습니다.

뱀이 여자에게 이르되 너희가 결코 죽지 아니하리라(창 3:4)

하나님은 분명히 "네가 먹는 날에는 반드시 죽으리라"(창 2:17)라고 말씀하셨습니다. 그런데 사탄은 "너희가 결코 죽지 아니하리라"(창 3:4)라고 반대로 말합니다. 사탄은 항상 하나님 말씀에 반대되는 말이나 이론을 만들어서 퍼트립니다. 그래서 사람의 마음에 의심과 의혹을 심고, 사람을 혼란에 빠뜨립니다.

에덴동산에 두 음성이 있었습니다. 하나는 하나님의 음성이고, 다른 하나는 사탄의 음성이었습니다. 하나님은 인간을 영원히 살게 하시려고 선악과를 먹지 말라고 하셨고, 사탄은 인간을 죽이려고 먹으라고 유혹했습니다. 불행히도 자유 의지를 가진 인간은 하나님의 말씀에 불순종하고, 사탄의 말에 순종하는 죄를 범합니다.

여자가 그 나무를 본즉 먹음직도 하고 보암직도 하고 지혜롭게 할 만큼 탐스럽기도 한 나무인지라 여자가 그 열매를 따 먹고 자기와 함께 있는 남편

에게도 주매 그도 먹은지라(창 3:6)

여자는 뱀이 유혹하는 말을 듣고 선악과를 따 먹습니다. '따 먹다'의 히브리어 '라카흐'는 '취하다, 가지고 오다, 잡아채다, 획득하다'라는 뜻입니다. 여자는 자신의 자유 의지로 판단하고, 손을 뻗어 실과를 따서 먹고, 그리고 남편 아담에게도 줍니다. 남편 아담은 받아먹습니다. 인류의 조상은 이렇게 하나님의 명령에 불순종하는 죄를 함께 저질렀습니다.

아담은 선악과를 먹지 말라고 하신 하나님의 금지 명령을 직접 들은 자입니다(창 2:16,17).

여호와 하나님이 그 사람에게 명하여 이르시되 동산 각종 나무의 열매는

네가 임의로 먹되 선악을 알게 하는 나무의 열매는 먹지 말라 네가 먹는

날에는 반드시 죽으리라 하시니라(창 2:16-17)

아담은 여자가 선악과를 권할 때, 여자의 잘못을 지적하고, 회개하도록 이끌 책임이 있었습니다. 그런데도 선악과를 받아먹었다는 것은 아담도 자신의 자유 의지로 동의하여 범죄에 동참했음을 의미합니다. 이것은 하나님을 향한 인간의 첫 번째 배반입니다.

하나님은 인간의 죄를 벌하시기 전에 이미 모든 것을 아시지만, 먼저 아담에게 물으십니다.

내가 네게 먹지 말라 명한 그 나무 열매를 네가 먹었느냐(창 3:11)

남자가 대답합니다.

아담이 이르되 하나님이 주셔서 나와 함께 있게 하신 여자 그가 그 나무 열매를 내게 주므로 내가 먹었나이다(창 3:12)

죄는 스스로 숨기고 남에게 탓을 돌리고 책임을 전가하려는 속성과 함께 죄를 범하게 하는 전염성이 있습니다. 아담의 대답은 언뜻 들으면 사실을 말하는 듯 보이지만, "하나님이 주셔서 나와 함께 있게 하신 여자 그가"라고 말하는 것으로 보면, 하나님께 탓을 돌리려는 의도가 있어 보입니다. 다시 말해, 아담의 말 속에는 '제가 하나님께 여자를 만들어 달라고 부탁하지도 않았잖아요. 하나님이 제가 혼자 사는 것이 좋지 않다면서 저를 위해 돕는 배필, 여자를 지어 주셨잖아요(창 2:18). 만약 하나님이 여자를 만드시지 않았더라면, 이런 일은 결코 일어나지 않았을 것입니다'라는 책임 전가성 변명이 숨어 있습니다.

이어서 하나님은 여자에게도 물으십니다.

여호와 하나님이 여자에게 이르시되 네가 어찌하여 이렇게 하였느냐 (창 3:13a)

여자가 대답합니다.

뱀이 나를 꾀므로 내가 먹었나이다(창 3:13b)

여자도 뱀에게 책임을 전가합니다. 자기 잘못을 인정하지 않고, 회개하지도 않습니다. 여기서 우리는 하나님이 그다음으로 '뱀에게 왜 그랬느냐고 물으시겠구나' 하고 자연스럽게 예상하게 됩니다.

그러나 하나님은 뱀에게는 묻지도 않으시고, 곧바로 저주를 내리십니다. 변명할 기회도 주시지 않았습니다. 이것만 보더라도 하나님의 형상을 가진 인간이 하나님의 창조와 구원 계획의 중심임을 알 수 있습니다.

> 여호와 하나님이 뱀에게 이르시되 네가 이렇게 하였으니 네가 모든 가축과 들의 모든 짐승보다 더욱 저주를 받아 배로 다니고 살아 있는 동안 흙을 먹을지니라(창 3:14)

저주받은 뱀의 모습이 바로 우리가 현재 보고 있는 뱀의 모습입니다. 이것만 보아도 성경 말씀이 모두 사실인 것을 알 수 있습니다.

> 내가 너로 여자와 원수가 되게 하고 네 후손도 여자의 후손과 원수가 되게 하리니 여자의 후손은 네 머리를 상하게 할 것이요 너는 그의 발꿈치를 상하게 할 것이니라 하시고(창 3:15)

사탄은 여자를 통해 인류를 멸망시키려고 했지만, 하나님은 여자의 후손을 통해 사탄을 패배케 하시고 인간을 구원하십니다. 이것은 하나님의 지혜요 능력입니다. 창세기 3장 15절의 말씀은 예수 그리스도를 통해 십자가에서 성취됩니다.

> 또 여자에게 이르시되 내가 네게 임신하는 고통을 크게 더하리니 네가 수고하고 자식을 낳을 것이며 너는 남편을 원하고 남편은 너를 다스릴 것이니라 하시고(창 3:16)

여자가 죄로 인해 받게 된 세 가지 형벌은,

첫째, 잉태하는 고통이 크게 더해지는 것이고,

둘째, 남편을 사모하는 것이며,

셋째, 남편의 다스림을 받는 것입니다.

하나하나 좀 더 자세히 살펴보겠습니다.

첫째, 하나님은 여자에게 잉태하는 고통을 크게 더하는 벌을 내리십니다. 잉태하는 고통을 크게 더한다는 것은 이전에는 고통이 적었거나 거의 없었다는 것을 의미합니다. 여자는 임신할 때부터 입덧으로 고생하고, 배가 불러오면 잠자기도 힘들어지고, 출산할 때는 긴 진통으로 본인은 물론 가족들까지 크게 고생하게 됩니다(동물의 경우, 새끼를 출산할 때 산통이 아주 적은 것을 봅니다. 애완견도 아침에 일어나 보면 밤에 어떤 비명소리도 듣지 못했는데 여러 마리의 새끼들이 태어나 있는 것을 보게 됩니다).

둘째, 하나님은 여자에게 남편을 사모하게 하는 형벌을 내리십니다. 여자는 남편을 사모하는 벌로 인해 항상 남편의 관심과 사랑을 원합니다. 때로 이것이 질투로 변합니다.

셋째, 하나님은 여자에게 남편의 다스림을 받는 형벌을 내리십니다. 휴대폰이나 컴퓨터 등 모든 제품은 처음 출시된 것보다 나중에 출시되는 것이 디자인도 아름답고 성능도 더 좋습니다.

하나님은 남자를 만드실 때 흙을 재료로 삼으셨고, 후에 여자를 만드실 때는 남자의 갈비뼈를 재료로 삼으셨습니다. 남자보다 업그레이드된 재료를 쓰신 것입니다. 이것은 여자가 남자보다 조금도 열등하지 않으며 남자와 동등하거나 우수한 존재임을 의미합니다.

실제로 여자는 남자보다 외모가 더 아름답고 감정이 더 풍부하며 말도 더 잘할 뿐 아니라 아이도 낳을 수 있습니다. 이렇게 우수한 존재인 여자가 남편의 다스림을 받고, 남편의 리더십 아래에서 살아야 하니 이것이 형벌인 것입니다. 그래서 결혼한 모든 부부는 크고 작은 부부 싸움과 다툼 속에서 살아갑니다. 성경에서 여자가 받은 형벌을 알면 좀 다투다가도 참을 수 있지만, 그것을 모르면 끝없이 다투다가 이혼에까지 이를 수 있습니다.

> 아담에게 이르시되 네가 네 아내의 말을 듣고 내가 네게 먹지 말라 한 나무의 열매를 먹었은즉 땅은 너로 말미암아 저주를 받고 너는 네 평생에 수고하여야 그 소산을 먹으리라(창 3:17)
> 네가 흙으로 돌아갈 때까지 얼굴에 땀을 흘려야 먹을 것을 먹으리니 네가 그것에서 취함을 입었음이라 너는 흙이니 흙으로 돌아갈 것이니라 하시니라(창 3:19)

남자는 종신토록 땀 흘려 일하고 수고해야 하는 형벌을 받습니다. 남자는 평생 일하다가 죽을 운명입니다. 그래서 그런지 남자는 은퇴한 후에도 계속 새로운 일자리를 찾고, 없으면 만들어서라도 일하곤

합니다. 어쩌면 남자에게 가장 큰 형벌은 일하고 싶어도 일할 기회가 없어 아무것도 하지 못하는 백수의 삶인지도 모릅니다.

땅이 네게 가시덤불과 엉겅퀴를 낼 것이라(창 3:18)

인간의 죄로 말미암아 땅도 황폐해졌습니다. 농약이나 비료 없이는 정상적인 소출과 수확을 기대할 수 없게 되었습니다.

여호와 하나님이 에덴동산에서 그를 내보내어 그의 근원이 된 땅을 갈게
하시니라 이같이 하나님이 그 사람을 쫓아내시고(창 3:23-24)

결국, 인간은 죄 때문에 하나님이 인간을 위해 만드신 에덴동산에서 쫓겨나고 말았습니다.

타락하기 전 에덴동산에서 인간은,

하나님과 교제하며 동행하는 삶을 살았습니다.

하나님의 복을 받고, 그 복을 누리고 살았습니다.

모든 필요를 하나님으로부터 제공받았습니다.

이처럼 인간은 두려움도 염려도 스트레스도 없는 안전한 환경에서 살았습니다.

그러나 죄로 인해 하나님과의 관계가 단절되면서 하나님과 교제할 수 없는 영적 사망이 왔습니다.

죄의 결과

죄로 인해

인간의 육체가 살아있으나 영적으로는 죽은 상태가 되었고,
감정적으로 불안정하고 기복이 심해졌으며,
의지적으로 자기 생각과 신념이 강해 고집이 세어졌고,
심적으로는 안정감이 없어져 항상 염려가 많고, 선악 간에 끊임없이 선택해야 하는 스트레스와 갈등 속에 살게 되었습니다.

그뿐만 아니라

· 거절감: 하나님께 쫓겨남으로써 누군가에게 거절당하는 것에 대한 두려움이 생겼습니다.

· 죄책감과 수치: 마귀는 인간이 범한 죄들을 근거로 끊임없이 인간을 정죄하고, 죄의식 속에 인간을 가두려고 합니다.

· 자존감: 인간은 하나님의 형상으로 지어진 존재임에도 불구하고, 죄 된 삶으로 인해 자존감을 잃고, 죄를 지을 때마다 자신을 쓸모없는 존재로 여기며 정죄하게 되었습니다.

· 약함과 무력감: 하나님과의 관계 단절로 인해 불완전한 자기를 의지함으로써 실패를 반복하게 되었고 그에 따라 무력감에 빠지게 되었습니다.

· 마귀의 종: 데이비드 왓슨(David Watson)은 그의 책 《제자도》에서 다음과 같이 말합니다.

"우리는 모두 아담 안에 있기 때문에 아담의 불순종으로 인하여, 본질적으로 죄가 다스리는 사탄의 나라에 있다. 그러나 그리스도 안에 있으면 죽음에까지 이른 그리스도의 순종으로 인하여 은혜가 다스리는 하나님 나라에 들어가는 것이다"(《제자도》, 두란노, 2004, p327).

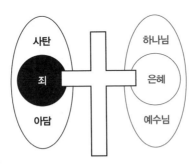

데이비드 왓슨, 《제자도》

· 완벽을 추구함: 불완전한 인간이 마귀의 전략에 속아 완벽을 추구하는 모순 속에서 살고 있습니다.

마귀는 항상 우리가 받은 상처의 냄새를 맡고 접근하여 우리를 위로하는 척하며 자기 종으로 만들어 버립니다. 여기서 벗어나는 길은 죄로 깨어진 하나님과의 관계를 예수님 안에서 회복하고, 예수님이 나를 용서하신 것처럼 나도 나에게 상처를 준 사람을 용서하는 것입니다.

※ 다음은 나의 짧은 간증이다.

고등학교 2학년 때, 하루는 불신자인 큰형님이 내게 이렇게 말했다. "내가 이제까지 책을 많이 읽어 보았는데, 세상의 위대한 사람들과 철학자들이 말한 모든 지혜로운 말과 여러 종교의 경전과 그 교주들이 말한 모든 가르침을 다 합해도 예수님의 가르침 한 문장과 대결하면 백전백패다. 세상의 좋은 말과 가르침을 있는 대로 끌어모아도 예수님의 말씀 앞에 무릎을 꿇을 수밖에 없어. 절대 못 이겨."
내가 큰형님께 "예수님의 어떤 말씀이요?" 하고 물었다.
형님이 말했다. "'원수를 사랑하라'는 말씀이다. 한번 생각해 봐라. 원수는 사랑할 수 없어서 원수인데, 원수를 사랑하라는 이 말씀보다 더 위대한 말씀이 어디 있겠니? 그러니 이 말씀은 가장 크고 위대한 진리의 말씀이다."
그러면서 불신자인 형님이 확신에 찬 표정으로 이렇게 말했다. "네가 나중에 종교를 갖게 된다면, 꼭 예수님을 믿어 봐라."
세월이 지나서 하나님의 은혜로 내가 먼저 예수님을 믿게 되었고, 큰형님은 나에게 복음을 듣고 예수님을 구주로 믿게 되었다. 큰형님과 손을 맞잡고 영접 기도를 할 때, 형님의 눈에서 흐르는 뜨거운 눈물이 내 손등 위로 뚝뚝 떨어지던 기억이 지금도 생생하다.

죄의 결과로 초래된 3가지 사망

1) 육체적 사망(영혼과 육체의 분리)

2) 영적 사망(하나님과의 분리)

3) 영원한 사망(천국과 분리된 영원한 지옥 형벌)

지금까지 말한 내용을 다시 한번 그림을 통해 설명하고자 합니다. 다음 그림은 교회에서 복음을 설명할 때 가장 많이 사용하는 '다리 예화'입니다. 이 그림은 복음이 무엇인지, 왜 예수님만이 구원주가 되시는지를 잘 설명해 주고 있습니다.

그림 1. 에덴동산에서 하나님과 인간은 좋은 관계 속에서 교제하였습니다.

에덴동산

죄를 범하기 전 인간은 하나님과 좋은 관계 속에서 교제했다

①

그림 2. 죄로 인해 하나님과 인간의 관계가 깨어졌습니다.

오직 너희 죄악이 너희와 너희 하나님 사이를 갈라 놓았고(사 59:2)

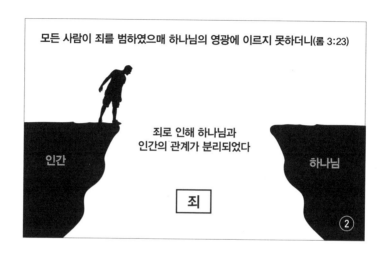

그림 3. 죄의 결과로 모든 인간은 죽게 되었고, 죽은 후에는 심판이 있습니다.

죄의 삯은 사망이요 하나님의 은사는 그리스도 예수 우리 주 안에 있는 영생이니라(롬 6:23)

그러므로 한 사람으로 말미암아 죄가 세상에 들어오고 죄로 말미암아 사망이 들어왔나니 이와 같이 모든 사람이 죄를 지었으므로 사망이 모든 사람에게 이르렀느니라(롬 5:12)

첫 인류의 죄로 말미암아 모든 후손이 죄인이 되었고, 죽음이 들어왔습니다. 그러나 긴 세월이 흐르면서 사람들은 이 모든 것을 잊어버렸습니다. 에덴동산에서 지은 죄도 잊었고, 하나님으로부터 받은 징벌 또한 잊었습니다. 그러나 모든 인간은 죽음과 죽음 후의 세계에 대한 두려움을 갖게 되었습니다.

모든 사람은 죽은 후에 죄에 대한 하나님의 심판을 받습니다.

한 번 죽는 것은 사람들에게 정해진 일이며 그 후에는 심판이 있습니다

(히 9:27, 우리말성경)

그림 4. 인간은 자기 공로와 자기 의로 천국에 이르려고 합니다.

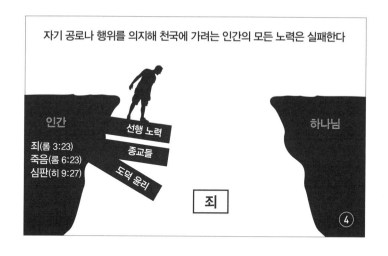

어떤 사람은 선행을 많이 하면, 죽어서 악인들보다 더 좋은 곳에 가리라 생각합니다. 어떤 사람은 어떤 종교를 믿으면, 그 종교가 주는 축복으로 인해 죽어서 좋은 곳에 가게 되리라고 생각합니다. 또 어떤 사람은 도덕적으로나 윤리적으로 수준 높은 삶을 살면, 죽어서 악한 사람들보다 더 좋은 곳에 가게 된다고 생각합니다. 그러나 인간이 죽어 지옥에 가게 되는 것은 죄 때문입니다. 하나님과의 깨어진 관계가 회복되려면 바로 이 죄 문제가 반드시 해결되어야만 합니다.

그림 5. 예수님이 십자가에서 이 죄 문제를 해결해 주십니다. 하나님이 세상을 이처럼 사랑하사 독생자를 주셨으니 이는 그를 믿는 자마다 멸망하지 않고 영생을 얻게 하려 하심이라 하나님이 그 아들을 세상에 보내신 것은 세상을 심판하려 하심이 아니요 그로 말미암아 세상이 구원을 받게 하려 하심이라(요 3:16-17)

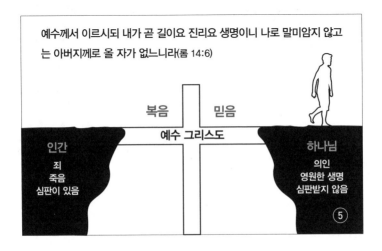

하나님은 인간을 구원하기 위해 예수님을 이 땅에 보내시어 죄인들이 받아야 할 죄에 대한 심판을 대신 받게 하셨습니다. 예수님은 내가 받아야 할 내 죄의 형벌을 대신 받으시고, 십자가에서 죽으셨습니다. 이 복음을 알고, 예수님을 나의 구원주로 믿는 사람들은 죄의 심판과 형벌로부터 사면되어 구원을 얻습니다. 그리고 하나님의 자녀가 되는 권세를 얻게 됩니다.

예수님은 죄로 인해 깨어진 하나님과 인간의 관계를 회복시키기 위해 이 땅에 오셨습니다. 거룩하신 하나님과 죄인을 연결하는 다리가 되셨습니다.

사람이 마음으로 믿어 의에 이르고 입으로 시인하여 구원에 이르느니라

(롬 10:10)

예수님을 구원주로 믿는 사람은 죄인에서 의인이 됩니다. 이는 내가 받을 죄의 형벌을 예수님이 십자가 위에서 대신 다 받으셨기 때문입니다.

예수님은 이런 분이십니다.

지금까지 당신은 왜 예수님을 믿어야만 구원받을 수 있는지, 성경을 통해 복음을 자세히 들었습니다. 저는 이제 당신에게 중요한 질문을 하려고 합니다.

당신의 죄를 대속하기 위해 대신 죽으신 예수님을 구원주로 믿고, 하나님이 예수님을 통해 주시는 구원의 은혜, 구원의 선물을 받기 원합니까?

전도 대상자가 원한다고 대답하면, 바로 영접 기도를 시작하라.

영접 기도

저를 따라서 기도하시면 됩니다.

"주님, 저는 죄인입니다. 저는 지금 예수님을 저의 죄를 대속하기 위해서 십자가에서 못 박혀 죽으시고 부활하신 구주로 영접합니다. 저의 죄를 용서해 주시고, 저에게 영원한 생명을 주셔서 감사합니다. 저는 이제부터 하나님의 자녀로서 하나님이 기뻐하시는 삶을 살기를 원합니다. 예수님의 이름으로 기도합니다. 아멘."

영접 기도를 드린 후에는 대상자에게 권면의 말씀을 전하라.

영접하는 자 곧 그 이름을 믿는 자들에게는 하나님의 자녀가 되는 권세를 주셨으니(요 1:12)

예수님을 구주로 믿는 자들은 하나님의 자녀가 됩니다. 오늘은 당신의 영적인 생일입니다. 아이가 태어나면 가정이라는 공동체에 속하게 되는 것처럼, 예수님을 믿고 새 생명으로 태어난 당신도 영적 가정인 교회 공동체에 속하게 됩니다. 사람이 태어나면 건강하게 성장해야 하듯이, 균형 잡힌 건강한 그리스도인으로서 성장해야 합니다. 이를 위해, 교회 예배에 참석하여 목사님의 설교를 듣고, 성경 공부반에서 성경을 배우고, 매일 성경을 읽는 것이 필요합니다.

모든 그리스도인은 기도를 통해 하나님과 대화하고, 하나님의 인도하심과 응답하심을 경험합니다. 성경 읽기와 기도는 건강한 신앙 생활에 아주 중요한 요소들입니다. 예수님을 믿고 하나님의 자녀가 된 우리 모두는 가족과 친구와 주위 사람들에게 예수님을 전할 사명이 있습니다.

만약 대상자가 예수님을 구주로 바로 영접하지 않으면, 설득의 과정이 필요하다. 어떤 사람은 "오늘 처음 들어서 결정을 내릴 수 없습니다. 좀 더 생각해 보겠습니다. 나중에 다시 한번 듣겠습니다…" 하고 방어적인 자세를 취하기도 한다. 대상자가 특히 이해가 안 되는 부분이 있어서 망설이는 경우라면, 설득의 과정이 반드시 필요하다.

3장

설득의 과정으로
이해시키기

복음 제시를 듣고도 의심하는 대상자를 어떻게 설득하면 좋을지 3장에서 그 실전 사례를 살펴볼 것이다.

또 여러 말로 확증하며 권하여 이르되 너희가 이 패역한 세대에서 구원을 받으라 하니 그 말을 받은 사람들은 세례를 받으매 이날에 신도의 수가 삼천이나 더하더라(행 2:40-41)

예전에는 사도행전을 읽을 때, 2장 40절 말씀은 항상 그냥 지나치는 구절이었다. 왜냐하면 바로 이어지는 41절에서 3,000명이 한꺼번에 예수님을 믿는 엄청난 역사가 일어났기 때문이다. 그러나 성령께서는 40절 말씀이 복음 전도에 있어 매우 중요한 의미가 있음을 알게 하셨다.

2장 14절부터 39절까지 베드로가 복음의 핵심 내용을 자세히 설교한다. 그다음 40절에서는 "여러 말로 확증하며 권하여"라고 말한다. 여기서 "확증하며"에 쓰인 헬라어의 기본형 '디아마르튀로마이'는 '증명하다, 진지하게 증거하다' 등의 뜻이 있다. 베드로는 예수님에 관해 진지하게 증거한 후 최종적으로 "이 패역한 세대에서 구원을 받으라"(행 2:40)라고 권면한다.

복음을 전할 때마다 경험하는 것은 사탄의 세계에서 하나님 나라로 들어오는 경계선에는 언제나 매우 강력한 영적 긴장과 전투가 있다는 것이다.

복음을 전해 들은 대상자는 그것을 받아들이려는 마음과 이전대로 살려는 두 마음 사이에서 갈등한다. 그래서 설득의 과정이 필요하다. 설득의 과정이 없으면, 대상자가 망설이거나 여러 이유와 변명을 대며 저항하거나, 또 마귀가 예수님을 믿지 못하도록 방해할 때 전도자가 '아직 때가 안 되었나 보다. 너무 강요하지 말자' 하고 스스로 포기하는 경우가 많다.

이것은 마치 낚싯바늘에 걸린 물고기가 빠져나가려고 저항하기 시작하자 그냥 놓아주는 것과 같다. 물고기가 클수록 그만큼 저항도 큰 법이다. 물고기가 저항한다고 낚싯줄을 끊어 버리거나 입에 걸린 낚싯바늘을 빼내어 놓아준다면, 그 물고기를 다시 잡기는 매우 어렵다. 물고기가 낚싯바늘 근처에는 아예 다시 오려고 하지도 않을 것이기 때문이다.

이때 낚시꾼이 해야 할 일은 낚싯줄을 풀었다 감았다 씨름을 하면서 물고기를 수면 위로 끌어올리는 것이다. 이것이 바로 '설득의 과정'이다.

설득의 과정에서 내가 주로 사용하는 다섯 가지 예화를 소개하면 다음과 같다.

설득의 예화 1_엄마 배 속의 아이

임신 39주차에 접어든 엄마가 배 속 아기에게 친절한 목소리로 말합니다.

"아가야, 앞으로 한 주만 더 있으면 엄마와 만나는구나. 아가야, 엄마 배 속은 너무 좁지? 바깥세상은 아주 넓고 아름다워서 마치 천국 같단다. 파란 하늘과 흰 구름과 푸른 정원에는 아름다운 꽃들이 있고, 나무 위에선 예쁜 새들이 노래한단다. 우리 일주일 후에 만나자꾸나."

아기가 말합니다.

"엄마, 나는 엄마 배 속이 아주 좋아요. 비좁긴 해도 적응되어서 괜찮아요. 난 변화가 싫어요. 밖으로 안 나갈래요."

엄마가 또 말합니다.

"그 어두컴컴하고 비좁은 곳이 뭐가 좋니? 바깥세상은 넓고 밝고 아름답단다. 천국과도 같다니까. 네 방도 아주 멋지게 꾸며 놨어. 예쁜 침대도 있고, 네가 입을 예쁜 옷들도 있단다. 재미있는 장난감들도 있고, 너에게 줄 선물이 방 안에 가득하단다. 우리 일주일 후에 만나자."

아기가 또 말합니다.

"엄마! 난 무서워요. 바깥으로 안 나갈래요. 난 여기가 좋아요. 지금이 좋아요, 변화는 싫어요."

만약 아기가 10개월(40주)을 넘겨 엄마 배 속에서 2주 더 머문다면 어떻게 될까요? 이 경우에 산부인과 의사들은 태반의 기능이 떨어져 영양이 충분히 공급되지 않아 태아의 건강이 나빠지고, 지능 지수 저하와 뇌성마비가 올 수 있으며 만약 수술하지 않고 내버려 두면, 아기가 자기 태변을 먹고 죽을 수도 있다고 말합니다.

아기가 살려면, 엄마 배에서 일단 나와야 합니다. 세상이 정말 천국과 같은 곳인지 아닌지 알 수 없어도 일단 태어나야 합니다. 밖으로 나오는 과정에 고통이 뒤따르더라도 때가 되었으면 태어나야만 합니다.

영접을 망설이는 대상자에게 다시 한번 이렇게 권하라.

당신도 마찬가지입니다. 당신은 이미 복음을 들었습니다. 한 시간 동안 복음을 들었다는 것은 이미 때가 찼음을 의미합니다. 더 이상 미루지 말고, 예수님을 믿고, 영적으로 태어나야 합니다. 우리는 모두 죄인이므로 예수님의 대속의 은혜가 절실히 필요합니다.

쉬운 말로 대속의 의미를 재차 설명한다.

죄의 심판으로부터 나를 구원하신 예수님을 나의 구주로 영접하시겠습니까?

이때 대상자가 "네" 하고 대답하면, 바로 함께 영접 기도를 시작하라.

설득의 예화 2_개미와 만두

초겨울 어느 날, 공원 벤치에 앉아 만두를 먹으면서 친구에게 문자 메시지를 보내고 있는데, 아내로부터 전화가 걸려 왔습니다. 급하게 받으려다가 그만 손에 들고 있던 만두를 땅에 떨어뜨리고 말았습니다.

만두가 땅에 떨어지자 어디선가 개미 한 마리가 나타나더니 재빨리 만두 위로 올라갔습니다. 한 20분 정도 아내와 통화를 하고 나서 밑을 내려다보니 그 개미가 아직도 바쁘게 만두를 타고 오르락내리락 하고 있었습니다. 주위를 살펴보니 약 1.5m 정도 떨어진 곳에 개미집 입구가 보였습니다. 아마도 그 개미는 만두를 자기 집으로 가져가려고 하는 것 같았습니다.

저는 속으로 '저 작은 개미도 겨울 식량을 비축해 자기 가족들을 굶기지 않으려고 저토록 애쓰는구나' 하고 생각하고, 불쌍한 마음이 들어서 도와주려고 만두를 개미집 쪽으로 툭 발로 찼습니다. 그랬더니 뜻하지 않게 저의 순수한 의도와는 전혀 다른 결과가 벌어졌습니다. 개미가 제 구둣발에 치여 허리가 잘려 나가고 다리가 부러진 것입니다. 안타깝게도 그 개미는 잠시 후 죽고 말았습니다.

이 대목에서 대상자에게 질문하라.

어떻게 하면 그 개미를 완벽하게 도울 수 있을까요?

어떤 사람은 이렇게 대답할 것이다.
"손으로 만두를 집어서 개미집 앞에 갖다 놔주면 됩니다."
또 어떤 사람은 "만두를 작게 쪼개서 개미집 앞에 놓아주면 됩니다"라고 대답할 것이다.

제가 미국에서 공부할 때, 집 마당 잔디 위를 맨발로 걷다가 작은 개미에게 물린 적이 있는데, 개미 독이 얼마나 강한지 발이 벌겋게 부어올라서 일주일 넘게 가려움증에 시달리며 고통스러웠던 기억이 있습니다. 개미를 도와주려고 손으로 만두를 집는 그 순간, 개미는 자기 것을 뺏어 가려는 줄 알고 제 손가락을 물 것입니다. 그러면 저는 옛날에 개미에 물려서 고생했던 일이 떠올라 무의식적으로 개미를 다른 손으로 세게 때려 떨어뜨리고는 바로 발로 밟아 버릴 것입니다. 결국, 개미는 죽게 됩니다.

대상자에게 다시 질문해 보라.

어떻게 하면, 개미집으로 만두를 안전하게 옮겨서 개미 가족들이 겨우내 굶어 죽지 않게 할 수 있을까요?

대상자가 '모르겠다'는 표정을 짓거나 전도자에게 답을 알려 달라고 하면 이렇게 말하라.

답은 이것입니다. 제가 개미가 되는 것입니다. 그런데 이때 아주 중요한 조건이 하나 있는데, 제 몸은 개미로 변하지만 인간의 능력은 고스란히 갖고 있어야만 합니다. 즉 100% 인간의 능력을 지닌 100%의 개미가 되어서 개미와 소통하면서 그 만두를 개미집으로 안전하게 옮기는 것입니다.

예수님이 바로 이런 분입니다. 예수님은 100% 하나님인 동시에 100% 인간으로 이 땅에 오셔서 인간 스스로가 해결할 수 없는 죄 문제를 십자가에서 완벽하게 해결해 주셨습니다.

여기까지 설명하면, 믿을까 말까 주저하던 대부분의 대상자가 이렇게 말한다.

"아, 이제 알겠습니다. 예수님을 믿겠습니다."

영접 의사를 재확인하기 위해 "아니, 방금 전까지 결정을 못 내리겠다고, 나중에 믿겠다고 하시더니 왜 갑자기 마음이 바뀌셨나요?" 하고 물으면, "제가 예수님을 왜 믿어야만 하는지 이제 이해가 되었기 때문입니다"라고 대답한다.

이처럼 대상자에게서 명확한 대답을 듣고, 함께 영접 기도를 할 때는 정말 "할렐루야!"라는 말밖에는 다른 말이 나오질 않는다.

다양한 전도법이 있지만, 다른 전도법에는 설득의 과정이 없다. 그래서 안타깝게도 복음을 이해하도록 조금만 도와주면 믿을 사람들이 10년, 20년, 30년 뒤에나 예수님을 믿게 되는 경우가 많다.

설득의 예화 3_캐나다 공항의 미국 입국 심사

한국에서 캐나다를 경유하여 미국에 갈 때, 캐나다 토론토 피어슨 국제공항에서 미국 입국 심사를 받은 적이 있습니다. 그것은 아주 새로운 경험이었습니다. 캐나다 공항에서 입국 심사를 통과하고 나면, 미국 내 공항에서는 국내선 탑승자처럼 내릴 수 있습니다. 몸은 아직 캐나다 공항에 있어도, 미국 입국 허가를 이미 받았기 때문입니다. 그러나 엄밀히 말하면, 입국 심사만 통과했을 뿐 아직은 미국 땅에 내리진 않은 상태입니다. 그래서 신학자들은 구원받은 우리가 이 땅에서 살아가는 상태를 "already, not yet"으로 표현하곤 합니다.

예수님을 자기 구주로 굳게 믿는 사람은 여전히 이 땅에 살고 있지만 천국의 입국 허가를 이미 받은 사람들입니다.

당신도 천국의 입국 허가를 받고 싶습니까? 당신이 지금 천국의 입국 허가를 받는다면, 이 땅에서도 천국 시민으로 살다가 죽으면 천국에 가게 됩니다. 지금 예수님을 나의 구주로 믿는 것이 곧 천국의 입국 허가를 받는 것이기 때문입니다.

예수님을 구주로 영접하길 원합니까?

대상자가 "네" 하고 대답하면, 바로 함께 영접 기도를 시작한다.

예수께서 가라사대 내가 곧 길이요 진리요 생명이니 나로 말미암지 않고

는 아버지께로 올 자가 없느니라(요 14:6)

예수님은 천국으로 들어가는 유일한 길입니다. 예수님은 곧 '천국 비자'입니다. '예수 비자' 없이는 천국에 들어갈 수 없습니다.

베이징을 경유하여 미국으로 가는 비행기를 탄 승객이 베이징 서우두 국제공항 입국 심사대에서 만약 "제가 중국 비자보다 받기 어렵다는 미국 비자를 가지고 있는데, 한 일주일 정도 베이징에서 놀다 가도 될까요?"라고 묻는다면, 입국 심사관이 엄중한 표정으로 이렇게 대답할 것입니다. "중국 비자가 없으면, 절대로 중국에 입국할

수 없습니다. 중국 비자를 보여 주세요." 그래도 입국시켜 달라고 계속 우긴다면 경찰에 체포될 것입니다.

마찬가지로, 천국 비자 없이는 천국에 들어갈 수 없습니다. 비행기표 없이는 비행기를 탈 수 없는 것과 똑같습니다. 그런데 천국 비자는 이 땅에서만 받을 수 있습니다.

당신도 천국에 들어가고 싶습니까? 천국에 들어가려면, 먼저 비자부터 받아야 합니다. 천국 비자는 예수님을 구주로 믿고 영접하는 것입니다.

대상자가 "네 원합니다" 하고 대답하면, 바로 함께 영접 기도를 시작한다.

설득의 예화 5_체코 단편 영화 〈모스트〉

자료는 누가 어떻게 사용하느냐에 따라 다른 결과를 낳는다. 영화 〈모스트〉(Most)는 미국 감독 보비 가라베디안(Bobby Gabedian)이 체코에서 제작한 단편 영화로 2004년 제76회 아카데미영화제 단편 영화 작품상 부문에 후보로 올랐던 작품이다. '모스트'는 체코어로 '다리'를 뜻한다.

이 영화를 짧게 편집한 동영상들이 유튜브에 〈다리〉(The Bridge)라는 제목으로 여러 편 올라와 있다. 동영상마다 길이가 조금씩 다르지만, 다음 제시하는 장면마다 일시 정지 버튼을 누르고, 제시하는 복음을 자막으로 넣어서 편집하여 사용하라.

첫 번째, 신호등에 빨간불이 들어오는 장면이다. 기차가 빨간불을 무시한 채 빠른 속도로 계속 달리는 장면에서 일시 정지하라.

이 장면을 대상자에게 설명해 주어라.

기관사가 자리를 잠시 비우는 바람에 빨간불을 보지 못하는 잘못을 저지르게 됩니다. 기관사 한 사람의 잘못으로 인해 기차 안의 모든 승객이 죽을 운명에 처했습니다.

이 상황은 신학적으로 '원죄'에 비유할 수 있습니다. 한 사람의 잘못으로 인해 죄를 짓지 않은 기차 안의 모든 사람들이 죽을 운명에 처한 것입니다. 사도 바울은 로마서에서 "한 사람으로 말미암아 죄가 세상에 들어오고 죄로 말미암아 사망이 들어왔나니"(롬 5:12), "한 사람의 범죄로 말미암아 사망이 그 한 사람을 통하여..."(롬 5:17) 라고 말합니다. 인간을 대표하는 아담의 범죄로 인해 모든 인간이 죽을 운명에 처했습니다.

두 번째, 기차에 탄 사람들이 술 마시고 담배 피우며 웃고 떠드는 장면에서 일시 정지하라.

자신이 처한 상황을 모른 채, 즐거운 시간을 보내고 있는 기차 안 사람들을 보십시오. 현재 이 땅을 살아가는 사람들의 모습입니다.

도개교

세 번째, 철도원이 도개교의 개폐 레버를 잡고 갈등하는 장면에서 일시 정지하라.

만약 철도원이 레버를 내리면, 기계가 작동하면서 벨트 바퀴에 걸린 그의 아들은 죽게 됩니다. 반대로 아들을 구하기 위해 레버를 내리지 않는다면, 기차에 탄 사람들이 강에 빠져 죽게 될 것입니다.

이것은 하나님의 아들 예수님이 십자가에 달리시게 된 것과 비슷한 상황입니다.

우리가 아직 죄인 되었을 때에 그리스도께서 우리를 위하여 죽으심으로 하나님께서 우리에 대한 자기의 사랑을 확증하셨느니라 (롬 5:8)

하나님은 죄인들을 구원하시려고 독생자 예수님을 버리셨습니다.

네 번째, 닫힌 도개교 위로 기차가 지나가는 장면에서 일시 정지하라.

아무것도 모른 채 웃고 떠들며 여행을 즐기고 있는 기차 안의 사람들은 한 아이의 희생과 그 아버지의 큰 아픔과 자신들이 죽음에서 건져진 구원의 은혜를 알지 못합니다.

이것은 마치 나를 구원하기 위해 내 죄를 대신 짊어지고 죽으신 하나님의 아들 예수 그리스도를 전혀 알지 못한 채, 오직 자기 삶에만 집중하는 세상 사람들의 모습과도 같습니다.

다섯 번째, 철도원이 죽은 아들을 품에 안고 오열하는 장면에서 일시 정지하라.

성경은 분명하게 말합니다.

그를 믿는 자는 심판을 받지 아니하는 것이요 믿지 아니하는 자는 하나님의 독생자의 이름을 믿지 아니하므로 벌써 심판을 받은 것이니라(요 3:18)

하나님을 모르는 자들과 우리 주 예수의 복음에 복종하지 않는 자들에게 형벌을 내리시리니 이런 자들은 주의 얼굴과 그의 힘의 영광을 떠나 영원

하나님은 당신을 죄와 사망으로부터 구원하기 위해 아들 예수를 보내시어 십자가에서 죽게 하셨습니다. 예수님은 당신을 구원하기 위해 자기 생명을 희생하셨습니다. 하나님이 아들 예수를 희생시키면서까지 당신에게 주신 구원의 은혜를 감사함으로 받으시겠습니까? 예수님을 당신의 구원주로 영접하시겠습니까?

전도 대상자가 원한다고 대답하면, 다음과 같이 말하고 나서 바로 영접 기도를 시작하라.

할렐루야! 성경에는 영접 기도란 말이 없지만, 세계 모든 교회는 영접 기도를 통해 예수님을 구주로 믿는 신앙생활을 시작합니다. 저를 따라서 기도하시면 됩니다.

"주님, 저는 죄인입니다. 저는 지금 예수님을 저의 죄를 대속하기 위해서 십자가에서 못 박혀 죽으시고 부활하신 구주로 영접합니다. 저의 죄를 용서해 주시고, 저에게 영원한 생명을 주셔서 감사합니다. 저는 이제부터 하나님의 자녀로서 하나님이 기뻐하시는 삶을 살기를 원합니다. 예수님의 이름으로 기도합니다. 아멘."

영접 기도를 드린 후에는 대상자에게 권면의 말씀을 전하라.

오늘은 당신의 영적인 생일입니다. 아이가 태어나면 가정이라는 공동체에 속하게 되는 것처럼, 예수님을 믿고 새 생명으로 태어난 당신도 영적 가정인 교회 공동체에 속하게 됩니다. 사람이 태어나면 건강하게 성장해야 하듯이, 균형 잡힌 건강한 그리스도인으로서 성장해야 합니다. 이를 위해, 교회 예배에 참석하여 목사님의 설교를 듣고, 성경 공부반에서 성경을 배우고, 매일 성경을 읽는 것이 필요합니다.

모든 그리스도인은 기도를 통해 하나님과 대화하고, 하나님의 인도하심과 응답하심을 경험합니다. 성경 읽기와 기도는 건강한 신앙생활에 아주 중요한 요소들입니다. 예수님을 믿고 하나님의 자녀가 된 우리 모두는 가족과 친구와 주위 사람들에게 예수님을 전할 사명이 있습니다.

요약 성경으로 전도하는 법

by Dr. W. Shin

■ 전도의 은사가 없는 사람은 어떻게 전도해야 할까?

1. 전도자 자신의 준비: 기도, 하나님과의 관계 형성, 짧은 간증문 준비(예수님을 믿고 변화된 점: 가치관, 인생 목표, 부부 관계, 자녀 관계, 생활 습관)

2. 상대방을 준비시킴: 세계관 깨뜨리기(진짜와 가짜, 위조지폐가 존재하는 이유), 복음에 대한 호기심을 최대로 일으키기, 성경에 관심을 갖기

3. 전도할 때

   1) 홈그라운드에서 섬기면서 전도하라.

   2) 함께 기도하는 것으로 시작하라. 상대방을 축복하고, 성령의 인도를 구하라.

   3) 질문을 도중에 받지 마라(설명 후).

   4) 성경을 소개하고, 성경의 권위를 최대한 높이라, 성경에 대한 호기심을 갖게 하라.

   5) 일대일로 전도한다. 남자는 남자가, 여자는 여자가 전도한다.

   6) 상대를 존중하는 태도를 보이며 일방적으로 가르치려고 하지 마라.

7) 가장 큰 축복과 사랑을 상대에게 주는 것이 바로 복음을 전해주는 것임을 확신하라.

8) 조용한 장소에서 하고, 서로 휴대폰을 끄고 하라.

4. 성경 소개: 성경의 권위를 최대한 높이라(성경을 읽고 싶은 마음이 생기도록).

1) 성경 기록 기간: 1,600년(신구약)

2) 하나님이 40명의 인간 저자들로 하여금 성경을 기록하게 하셨다.

3) 40명의 저자들이 서로 만나 의논하지 않았으나 주제가 같고, 내용이 일관된다.

4) 이것은 진정한 저자가 하나님이심을 증명한다.

5) 역사상 최고의 베스트셀러는 성경이다. 모든 사람이 반드시 읽고 알아야 할 책이다.

5. 창세기 1장(전도 대상자로 하여금 성경을 직접 읽게 한다)

1절 태초에 하나님이 천지를 창조하시니라

14절 하나님이 시간을 만드셨고, 시간을 주관하신다.

그러므로 하나님은 역사의 주인이시고 역사의 주관자 되신다. 우리 인생의 시간도 하나님 것이고, 하나님의 영광을 위해 사용되어야 한다.

24절 '종류대로' 원래 종(種)을 다르게 창조하셨다. 그러므로 진화론은 틀렸다(물고기가 사자로, 식물이 코끼리가 될 수 없다. 개미가 고래가 될 수 없다. 같은 종 안에서만 진화가 있다).

26-27절 인간은 하나님의 형상으로 창조되었다(그 의미를 대상자에게 설명하라).

28절 인간은 하나님의 대리 통치자요 관리자다. 하나님과의 관계와 교제가 필요하다.

31절 하나님의 창조는 완벽했다. Perfect! 하나님은 죄의 조성자가 아니시다.

6. 창세기 2장

7절 하나님은 인간을 흙으로 지으셨다.

그래서 인간은 죽으면 흙으로 돌아간다.

16-17절 여호와 하나님이 그 사람에게 명하여 가라사대 동산 각종 나무의 실과는 네가 임의로 먹되 선악을 알게 하는 나무의 실과는 먹지 말라 네가 먹는 날에는 정녕 죽으리라 하시니라

7. 창세기 3장

1절 사탄이 교활한 뱀을 통해 여자를 유혹했다.

4절 뱀의 거짓말

6절 아담과 여자가 불순종의 죄를 지었다.

11-13절 하나님이 남자와 여자에게 물으셨다. 아담과 하와가 죄의 책임을 전가했다.

〈하나님이 내리신 형벌(창 3:14-18, 24)〉

14절 뱀에 대한 저주

16절 여자에게 주어진 3가지 형벌(잉태의 고통을 크게 더함, 남편을 사모함, 남편의 다스림을 받음)

17절 남자에게 주어진 형벌(평생 땀 흘려 수고하며 일함)

18절 땅이 황폐하게 되었다.

24절 첫 인류는 에덴에서 쫓겨났다.

죄의 결과로 육체적 사망(영혼과 육체의 분리)과 영적 사망(하나님과의 분리)과 영원한 사망(천국과 분리된 지옥 형벌)이 왔고, 마귀의 전략과 속임수로 완벽하지 않은 인간이 완벽을 추구하는 모순 속에서 살게 되었다.

8. 그림을 통한 재설명

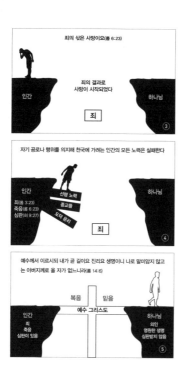

9. 설득의 과정: 다섯 편의 예화

10. 영접 기도: "주님, 저는 죄인입니다. 저는 지금 예수님을 저의 죄를 대속하기 위해서 십자가에서 못 박혀 죽으시고 부활하신 구주로 영접합니다. 저의 죄를 용서해 주시고, 저에게 영원한 생명을 주셔서 감사합니다. 저는 이제부터 하나님의 자녀로서 하나님이 기뻐하시는 삶을 살기를 원합니다. 예수님의 이름으로 기도합니다. 아멘."

11. 권면: 교회 출석, 예배 생활, 기도 생활, 성경 읽기, 복음 전도

12. 기도

4장

변증으로
질문에 답하기

이 시대에 기독교 변증이 필요한 이유

우리는 현재 각종 정보가 넘쳐나는 지식 공유 시대에 살고 있다. 각 개인의 학력 수준은 갈수록 높아지고, 사람마다 자기 나름의 신념과 세계관으로 세상을 살아가고 있다. 오늘날 현대인들은 의심도 많고 질문도 많고, 어떤 것도 쉽게 받아들이려 하지 않는다. 그러므로 불신자들에게 복음을 전할 때는 그들의 기존 세계관을 깨뜨리고, 이해를 돕고 그들이 가진 의문들에 적절한 답을 제공하는 변증의 과정이 필요하다.

그러나 우리가 알아야 할 것은 인간의 말과 지혜로는 모든 질문과 의문에 대하여 100% 변증할 수는 없다는 것이다. 나는 변증의 최대 효과 기대치를 60-80% 정도로 보고 있다. 기존 세계관에 균열이 생기면, 지금까지 고수해 온 자신의 신념과 세계관이 바뀌기 시작한다. 그리고 새로운 것을 받아들이려는 마음의 변화가 일어나기 시작한다.

불신자들은 저마다 예수님을 믿지 않으려는 이유들이 있다. 그것들이 조금이라도 해결되지 않는 한, 복음을 받아들이는 단계로 나아가기는 어렵다. 따라서 변증을 통해 대상자 안에 진리를 가로막고 있는 장애물들을 먼저 처리하는 것이 중요하다.

기존 세계관을 깨뜨리고, 복음에 대한 이해를 돕는 '변증으로 전도하는 법'은 현대인들에게 매우 효과적인 전도 방법이라 할 수 있다. 변증을 통해 복음을 전하는 방법은 앞으로도 계속 연구되고 시대와 문화도 변하기에 새로운 내용들이 추가될 것이다.

복음을 전하지 못하는 두 가지 상황이 있다.

첫째, 자기 자신이 확실하게 복음화되어 있지 않으면, 다른 사람들에게 복음을 전할 수 없다.

둘째, 복음을 전하고 싶어도 상대가 원치 않으면 전할 수 없다.

이처럼 우리는 복음을 전할 때, 여러 반대에 부딪히곤 한다. 그것은 마치 복음 전파를 방해하는 독(毒)과도 같다. 여러 가지 반대에 부딪힐 때마다 마귀는 우리에게 다가와 친절한 목소리로 속삭인다.

"아직 때가 안 되었나 봐! 너무 강요하면 안 돼···, 다음에 하는 게 좋아."

독에 중독된 사람에게는 해독제가 필요하다. 변증으로 전도하는 법은 일종의 해독제다.

심리학자들은 인간의 성격을 16가지 유형으로 나누어 MBTI(My-ers—Briggs Type Indicator)의 16가지 틀에 전 인류를 집어넣는다. 이와 비슷하게, '변증으로 전도하는 법' 역시 예수님을 믿지 않으려는 사람들의 유형을 20가지로 나누었는데, 거의 모든 불신자들이 이 안에 들어갔다.

나에게 기독교 변증의 중요성을 알게 해 준 사람은 프란시스 쉐퍼(Francis Schaeffer)다. 미국에서 신학을 공부하며 접하게 된 프란시스 쉐퍼의 책은 기독교 변증이 이 시대에 얼마나 절실히 필요한지를 깨닫게 해 주었다.

바울은 고린도후서에서 이렇게 말한다.

하나님 아는 것을 대적하여 높아진 것을 다 무너뜨리고 모든 생각을 사로잡아 그리스도에게 복종하게 하니 너희의 복종이 온전하게 될 때에 모든 복종하지 않는 것을 벌하려고 준비하는 중에 있노라(고후 10:5-6)

바울은 로마서에서 "하나님의 진노가 불의로 진리를 막는 사람들의 모든 경건하지 않음과 불의에 대하여 하늘로부터 나타나나니"(롬 1:18)라고 말한다. 이 세상에는 진리를 막는 불의가 있으며, 그로 인해 하나님의 진노가 있음을 선언한 것이다.

진리를 막고, 복음에 대항하는 반대들은 다음과 같다.

《불신자들이 예수님을 믿지 않는 20가지 이유》

1. 나는 다른 종교에도 구원이 있다고 믿는다(종교다원주의자).
2. 나는 조상 제사를 우상 숭배로 규정하여 금하는 기독교가 싫다(전통주의자). 조상 제사는 우리나라의 미풍양속이다.
3. 나는 내가 옳다고 여기는 것만 받아들인다(포스트모더니즘). 그러므로 내게 신앙을 강요하지 말라.
4. 나는 타락한 교회와 타락한 지도자들 때문에 예수를 안 믿는다(교회 비판주의자).
5. 나는 많은 사람들이 가는 길을 따라갈 것이다. 이것이 지혜라고 생각한다. 확률적으로 봐도 90% 이상의 사람들이 가는 길이 설마 틀리겠는가?
6. 나는 전도자를 만나면 이렇게 거절할 것이다(거절할 답을 미리 준비한 자).
7. 기독교는 배타적이고 독선적이어서 싫다.
8. 나는 과학적으로 증명되지 않는 것은 믿지 않는다(과학주의자).
9. 나는 예수님을 믿으면 세상 즐거움과 취미 생활을 못 하게 될까 봐 두렵다. 인생을 무슨 재미로 사는가?
10. 나는 일과 돈을 버는 것에 관심이 있고, 종교 같은 것에는 관심이 없다

(무관심주의자).

11. 종교는 나약한 자들에게나 필요한 것이다.

12. 나는 눈에 안 보이는 것은 존재하지 않는다고 믿는다(무신론자).

13. 하나님은 사랑의 하나님이다. 사랑의 하나님이 다른 종교인들을 모두 지옥에 보내겠는가? 하나님은 그런 잔인한 분이 아닐 것이다.

14. 복음을 들을 기회가 아예 없는 채로 죽은 사람이 지옥에 간다면, 그것은 너무 불공평하고 불공정한 일이다. 하나님이 진짜 있다면, 그런 불공평한 일은 하지 않을 것이다(공평주의자).

15. 나는 다른 종교를 믿는다. 우리 서로 각자의 종교를 존중하자.

16. 나는 지금 어떻게 해야 할지 모르겠다(복음을 듣고 망설이는 자).

17. 나는 하나님과 성경에 관해 모두 다 알고 난 후에야 예수님을 믿겠다.

18. 죽으면 모든 것이 끝인데, 종교가 왜 필요한가?

19. 죽은 후에 진짜 천국과 지옥이 있는가? 천국이 있다면, 어떻게 해야 갈 수 있는가?

20. 예수님은 우리나라의 신이 아니다. 내가 왜 서양의 신을 믿어야 하는가?

위와 같은 세계관을 가진 사람들의 반대와 질문들에 적절한 답을 제시하지 못한다면, 기존 세계관을 고수하며 복음에 의문을 품는 불신자들을 전도하기는 어렵다.

1. 나는 다른 종교에도 구원이 있다고 믿는다(종교다원주의자).

위키백과는 종교다원주의(religious pluralism)를 '사회에 공존하는 종교적 믿음 체계의 다양성을 인정하는 태도나 원리'로 정의한다.

많은 사람들은 일본의 후지산을 오르는 길은 여러 개가 있고, 어

떤 길로 올라가도 마지막에는 모두 정상에 다다르게 된다고 말한다. 이것이 바로 다원주의적 구원관을 설명할 때 주로 쓰는 예다. 이런 주장을 펼치는 사람들에게 우리는 이렇게 대응할 수 있다.

"많은 사람들이 구원의 문 앞까지는 이를지 몰라도, 그 안으로 들어가는 자는 오직 예수 그리스도를 자신의 구주로 믿는 사람들뿐이다. 왜냐하면 천국은 죄를 가진 채로는 들어갈 수 없는 곳이기 때문이다. 죄는 천국의 입국 검사대를 통과할 수 없다."

예수 그리스도가 곧 구원의 문이요 하나님께 나아가는 유일한 길이다.

내가 문이니 누구든지 나로 말미암아 들어가면 구원을 받고(요 10:9)

예수께서 이르시되 내가 곧 길이요 진리요 생명이니 나로 말미암지 않고

는 아버지께로 올 자가 없느니라(요 14:6)

2. 나는 조상 제사를 우상 숭배로 규정하여 금하는 기독교가 싫다 (전통주의자). 조상 제사는 우리나라의 미풍양속이다.

중국의 설날, 음력 1월 1일은 '춘지에'(春節)라 부른다. 한국의 설날 연휴는 3일이지만, 중국의 연휴는 그보다 훨씬 더 길다. 대부분 일주일을 넘어 2주일 정도를 구정 휴가로 보낸다. 어떤 사람은 좀 더 긴 휴가를 보내기 위해 잘 다니던 직장을 그만두기도 한다.

2007년 설을 일주일 앞둔 주일날에, 나는 예배를 인도하기 위해 가족과 함께 우리가 개척한 교회에 갔다. 그런데 교인들의 얼굴이 매우 어둡고 무거워 보였다. 그래서 무슨 일이 있는지 물었더니 대학 4년생인 G형제가 되레 이렇게 나에게 물어 왔다.

"선생님, 우리 기독교인들은 조상에 절하고 제사를 지내면 안 되지요? 그것은 우상 숭배니까요."

나는 당연하다는 듯이 "그렇지. 십계명에도 그렇게 써 있잖니?" 하고 대답했다. 그랬더니 그 형제가 "선생님, 그럼, 어쩌지요? 설 연휴에 집에 내려가면 부모님이 조상 제사를 지내자고 하실 텐데…. 제가 독자라 조상 제사를 거부하면, 분명히 부모님이 충격을 받으셔서 난리가 날 텐데요. 아버지는 농약을 마시고 죽겠다고 하실테고요."

112

당시 중국 정부의 '한 가정 한 자녀' 정책으로 거의 다 외아들이고 외동딸이었다.

순간적으로 나는 어떻게 답해야 할지 몰라서 속으로 당황했다. 애써 침착한 표정을 지으면서 여느 때와 마찬가지로 가방에서 노트북을 꺼내 책상 위에 올려놓고, 화면이 열리기까지 잠시 속으로 간절히 기도했다.

'성령님, 제발 도와주세요. 저에게 지혜를 주십시오.'

그 짧은 시간에 내가 할 수 있는 것은 오직 기도뿐이었다. 교회를 개척하고 처음 맞는 춘지에이기에 그동안 조상 제사와 관련한 문제에 부딪혀 본 적이 없었던 것이다. 마침내 노트북 화면이 켜지는 음악 소리가 울려 퍼질 때, 나는 웃으면서 고개를 들어 아무것도 아닌 일로 뭘 그렇게 고민하느냐는 투로 교인들에게 말했다.

"여러분, 그거라면 걱정할 필요가 전혀 없습니다. 지금부터 내가 하는 말을 잘 듣고, 고향에 가면 내가 말한 대로 꼭 그렇게 해 보시길 바랍니다."

선생님에게 무슨 좋은 방법이 있나 보다 하고 교인들의 얼굴이 갑자기 환해졌다.

"여러분, 고향에 돌아가면 꼭 이렇게 하십시오. 집에 가면 어머니와 아버지가 여러분을 반겨 줄 것입니다. 그렇죠?"

모두 초등학생들처럼 "네———" 하고 길게 대답했다.

"긴히 할 말이 있다면서 가족 모두를 한 방에 모이게 하고, 이렇게 말하세요. '아버지, 어머니, 지금부터 제가 하는 말을 잘 들으시길 바랍니다. 제가 베이징에서 공부하면서 예수님을 믿게 되었습니다.' 그러면 부모님이 '예수가 무엇이냐?' 하고 되물으실 것입니다. 그러면 여러분은 '아버지, 어머니, 우리의 전통 사상은 조상을 숭배하고 매년 제사를 지내는 것입니다. 다시 말해, 가족들이 조상의 기일을 기억하고 멀리서 찾아와 술, 과일, 음식 등 제사상을 차려 놓고 절하며 제사를 지내는 것입니다.

그런데 예수님의 가르침은 이렇습니다. 사람이 죽으면 몸은 흙으로 돌아가고 영혼은 천국이나 지옥, 둘 중 한 곳으로 가게 되니 죽은 조상에게 제사를 지내도, 실제 음식을 먹으러 오거나 술을 마시러 오는 조상은 없다는 것입니다. 쓸데없는 일에 돈 낭비, 시간 낭비하지 말고, 부모님이 살아 계실 때 공경하고 효도하라는 것이 예수님의 사상입니다. 부모님 살아계실 때 맛있는 것도 사 드리고, 옷도 사 드리고, 용돈도 많이 드리고, 말씀 잘 듣고 순종하라는 것입니다.

저는 이 예수님의 가르침이 우리 전통 사상보다 더 옳고 좋다고 생각되어 예수님을 믿게 되었습니다. 아버지, 어머니, 제가 앞으로 전통 사상을 따라 살길 원하십니까, 아니면 예수님의 가르침대로 부모님이 살아 계실 때 효도하고 공경하고 말 잘 듣고 용돈 드리고 부모님을 기쁘게 해 드리는 삶을 살길 더 원하십니까? 저는 아버지,

어머니가 하라고 하시는 대로 순종하겠습니다."

G형제가 고향에 돌아가서 실제로 그렇게 했더니, 놀랍게도 그의 아버지가 "네가 우리 동네에서 제일 총명한 놈인데, 어련히 잘 알아보고 결정하였겠느냐? 그냥 오늘부터 우리 가족도 다 같이 예수님을 믿자. 그동안 전통 때문에 제사드렸지, 사실, 나도 안다. 이런 것은 다 가짜이고 아무 소용도 없다는 것을…"이라고 말하며, 어머니에게 제사 도구들을 싹 모아서 불태워 버리라고 말했다면서 "할렐루야!" 하며 문자를 보내왔다.

고향에 간 다른 교인들로부터도 2주 동안 계속해서 문자가 왔다. 어떤 교인은 "오늘 우리 가족 4명이 예수님을 구주로 영접했습니다", 또 다른 교인은 "동네 친구들과 친척들까지 11명이 오늘 예수님을 믿게 되었습니다. 할렐루야!" 하고 기쁜 소식들을 보내왔다.

그러고는 1년이 지나 그다음 춘지에가 되었을 때 한 교인이 나에게 이렇게 말했다.

"선생님, 살았을 때 부모에게 효도하고, 돌아가신 후에 조상 제사까지 지내면 더 좋지 않겠습니까? 제 생각에는 둘 다 잘하면 더 좋을 것 같은데요."

나는 그에게 이렇게 대답했다.

"조상을 숭배하려면 첫 조상 아담부터 제사 지내야 합니다. 아담부터 돌아가신 할아버지까지 정확하게 지내야지요. 그렇지 않으면 윗대 조상들의 분노만 사게 됩니다. 위로 4, 5대 조상들까지만 제사를 지내면, 그 위 많은 조상들이 가만히 있겠습니까? 그러니 불완전한 제사로 괜히 조상들의 분노와 화를 자초하지 말고, 성경 말씀대로 순종해서 조상 제사를 아예 안 지내는 것이 가장 좋습니다."

나의 설명을 듣고서 그는 확신을 얻었는지 "아, 그렇네요. 조상 제사는 앞으로 지내지 않겠습니다. 감사합니다"라고 대답했다.

100% 완벽한 답변은 아닐지라도 이 변증을 통해 예수님을 구주로 믿게 된 사람들이 지난 10년간 1,000명이 넘는다.

> 너는 나 외에는 다른 신들을 네게 두지 말라 너를 위하여 새긴 우상을 만들지 말고 또 위로 하늘에 있는 것이나 아래로 땅에 있는 것이나 땅 아래 물 속에 있는 것의 어떤 형상도 만들지 말며(출 20:3)

> 그것들에게 절하지 말며 그것들을 섬기지 말라 나 네 하나님 여호와는 질투하는 하나님인즉 나를 미워하는 자의 죄를 갚되 아버지로부터 아들에게로 삼사 대까지 이르게 하거니와 나를 사랑하고 내 계명을 지키는 자에게는 천 대까지 은혜를 베푸느니라(출 20:5)

하나님은 십계명을 통해 모든 우상 숭배를 금한다고 말씀하셨다. 그러므로 하나님의 분노와 조상들의 분노를 함께 자초할 뿐인 조상 제사는 절대 드려선 안 된다.

3. 나는 내가 옳다고 여기는 것만 받아들인다(포스트모더니즘). 그러
   니 내게 신앙을 강요하지 말라.

이런 사람들에게는 복음을 어떻게 전하면 좋을까? 사람들은 인생 만사를 자신이 선택하고 결정하길 원한다. 자신이 인생의 주관자가 되길 원한다. 이러한 사고는 포스트모더니즘(postmodernism)의 산물이다. 포스트모더니즘은 1960년대 이후 미국과 프랑스를 중심으로 일어났다. 이 사상은 절대적인 것을 인정하지 않는다. 절대적인 진리란 없다고 주장하는 것이다. 모든 것을 상대적으로 생각한다. 예를 들어, "이것은 진리입니다"라고 말하면, "왜 그것만 진리가 되는가? 다른 것도 진리가 될 수 있지 않는가?" 하고 반문한다.

"포스트모더니스트는 자기가 옳다고 생각하면 진리로 받아들이지만, 그렇지 않으면 설령 진리일지라도 진리로 인정하지 않는다. 자기에게 유익하면 좋은 것이요 옳은 것이고, 유익이 없으면 필요 없는 것이요 틀린 것이다. 그렇다 보니 포스트모더니즘 영화의 특징은 결론이 없다는 것이다. 이야기가 잘 진행되다가 갑자기 끝난다. 보는 사람마다 생각이 다를 수 있으니 결말은 각자의 상상에 맡긴다는 뜻이다. 관객 자신이 내리는 결론이 곧 그 영화의 결론이라는 것이다."(이재훈 목사)

현대인들은 자신도 모르는 사이에 포스트모더니즘의 영향 아래 살아가고 있다. 마치 이것은 하나의 신앙 체계와도 같다. 인간은 불

완전한 존재다. 그럼에도 불구하고 항상 모든 것을 주관하고 선택하고 스스로 결정하려고 하기 때문에 많은 문제를 야기한다. 자기 인생을 위험과 방황 속으로 스스로 이끌어 가고, 표류하게 만든다. 그러한 인생은 실패할 수밖에 없고, 또한 실패 속에서 출구를 찾지 못한다.

그들에게 필요한 것은 절대적인 진리다. 상대성이 아닌 절대적인 기준(standard)이 필요하다. 우주 만물을 창조하시고, 주관하시는 하나님과 하나님의 말씀이 필요하다. 그렇지 않으면 이 모순되고 공허하고 혼란한 고통스러운 삶에서 결코 헤어 나올 수 없다.

나는 위와 같이 말하면서, 포스트모더니즘에 빠진 사람들에게 절대적인 진리의 말씀이 기록된 성경을 꼭 읽어 보도록 권하고, 교회 예배와 성경 공부에 1년간 참여하도록 권면한다. 시험 삼아 몇 주간 교회에 나오더니, 성경 말씀 안에서 진리를 발견하고는 가족들도 데려와 함께 교회에 등록한 사례들이 여럿 있다. 물론 얼마간 교회에 나오다가 안 나온 사람들도 있다.

4. 나는 타락한 교회와 타락한 지도자들 때문에 예수를 안 믿는다(교회 비판주의자).

전도하다 보면, 문제 있는 목회자나 미성숙한 신자들을 비방하면서 예수님을 안 믿겠다고 말하는 사람들이 있다. 이런 사람들을 어떻게 전도할 것인가?

　대상자의 비판이 전적으로 틀린 말도 아니므로 일부 동의하면서 복음적인 대화를 이어 가는 것이 좋다. "듣고 보니 저도 반성하게 되네요. 만약 마음에 상처를 입으셨다면, 제가 기독교 대표자는 아니지만 사과를 드리고 싶습니다" 하고 정중하게 사과하면, 대상자는 비방하는 말을 멈추게 된다.

　다음은 교회에 다니는 친구의 거룩하지 않은 생활을 비판하면서 자신은 절대로 예수님을 믿지 않겠다고 한 어느 불신자에게 내가 실제로 사용했던 방법이다. 나는 그에게 이렇게 말했다.

　"만약 당신이 오늘 예수님을 믿고, 이번 주부터 교회에 나가게 된다면, 다른 사람들로부터 칭찬받는 그런 그리스도인이 될 수 있겠습니까?"

　그는 당황한 듯 주춤하더니 그건 아마 어려울 것 같다고 대답했다.

　"맞습니다. 예수님을 믿고 변화되기까지 시간이 걸립니다. 성장하는 데 시간이 필요합니다. 현재 그 친구도 변화하는 과정에 있으니 너무 비판하지 말고 실망하지 마세요. 예수님을 믿는 사람들은 다 변화 중이고, 수리 중이고, 성장하는 과정 안에 있습니다."

　내가 이렇게 말하자 그의 표정이 바뀌더니 "사실, 그 친구도 이전에는 술 담배를 많이 하고, 거짓말을 많이 하던 그런 사람이었는데, 예수님 믿고 교회에 다니더니 좋은 쪽으로 많이 변하긴 했어요"

라고 하면서 내 말에 맞장구를 쳐 주었다. 그러더니 나에게 어느 교회에 다니느냐고 물었다.

그때부터 나는 마음이 열린 그와 복음적인 대화를 나누기 시작했고, 그에게 성경을 통해 복음의 핵심 내용을 설명했더니 창세기 3장이 다 끝나기도 전에 그가 예수님을 자신의 구주로 영접했다.

5. 나는 많은 사람들이 가는 길을 따라갈 것이다. 이것이 지혜라고 생각한다. 확률적으로 봐도 90% 이상의 사람들이 가는 길이 설마 틀리겠는가?

일본인의 99%가 비그리스도인들이다. 이를 두고 어느 일본인 불신자가 이렇게 당당하게 말했다.

"설마 99%의 사람들의 생각이 틀리겠는가? 일본의 기독교인은 1%도 안 되고, 99% 이상이 비기독교인이다. 확률적으로 볼 때, 1%보다는 99%가 맞을 확률이 절대적으로 높지 않은가? 그래서 나는 예수님을 안 믿는 편이 낫다고 생각한다."

나는 그에게 이렇게 말해 주었다.

"제2차 세계 대전 때, 일본인의 99% 이상이 천황을 하나님의 아들로 믿고 숭배했습니다. 그러나 천황은 황궁이라는 감옥에 갇혀 사는 한낱 인간에 불과했지요. 맥아더 장군은 천황을 공연이나 체육대회나 기념식 등 여러 행사에 참석하게 하여, 일본 국민들에게 천황은 신이 아닌 한 인간임을 알렸습니다. 그리고 1946년 1월 1일, 쇼와 천황은 〈국운진흥조서〉를 통해 '나는 신이 아니고 인간이다'라고 선언하기에 이르렀습니다.

만약 당신이 그리스도인이 아주 많은 나라에 간다면, 거기서도 이처럼 확률을 따라 모든 것을 결정하겠습니까? 그렇다면 당신은 그리스도인이 될 수밖에 없습니다. 안 그런가요?"

그의 세계관에 균열이 생기기 시작하자 그는 조금씩 내 말에 귀를 기울이기 시작했다. 나는 그에게 말했다.

"99%가 옳다고 말한다고 해서 그것이 반드시 옳은 것은 아닙니다. 일본인은 800만이 넘는 많은 신을 섬기는데, 그 신들은 창조자가 아닙니다. 인간이 만든 우상일 뿐입니다. 창조주는 오직 한 분뿐이고, 그 외 모든 신은 인간이 만든 우상들이며 피조물에 불과합니다."

심각한 표정으로 듣고 있던 그 일본인은 그로부터 2시간 후에 예수님을 자신의 구주로 영접했다.

6. 나는 전도자를 만나면 이렇게 거절할 것이다(거절할 답을 미리 준비한 자).

이런 사람을 전도하기는 아주 어렵다. 이런 부류의 사람들을 만나면, 먼저 칭찬으로 대화를 시작하는 것이 좋다. 어찌 되었건 불신자가 성경을 관심 있게 들여다봤다는 뜻이고, 또 나름대로 교리적 주장을 펼치고 있기 때문이다.

그다음 단계는 대상자의 주장 중에서 성경적으로 정확한 해석이 아닌 부분을 찾아 교정하는 것이다. 상대방에게 정확하지 않은 부분을 좀 교정해 주어도 될지 정중하게 물으라. 대상자는 전도자가 자신을 칭찬하고 자신을 존중하는 태도를 보이므로 자기도 예의상 한 번 들어보겠다는 마음과 태도를 갖게 된다. 물론, 듣다가 또 다른 트집을 잡거나 아니면 다른 사람들과의 논쟁에서 이용하고자 하는 마음으로 한 수 배우려고 할 수도 있다.

이런 사람에게 복음을 전할 때는, 먼저 성령의 도우심을 위해 기도하고, 앞서 소개한 '성경으로 전도하는 법'을 따라 아주 자세하게 설명해 주는 것이 좋다. 성경을 통해 복음을 자세히 설명할 때, 대상자가 성령의 조명하심으로 이제까지 제대로 알지 못했던 복음의 참 의미를 깨닫고 예수님을 구주로 영접하는 경우를 나는 수차례 경험하였다.

7. 기독교는 배타적이고 독선적이어서 싫다.

다음 그림을 보면, 큰 홍수가 나서 한 사람이 물에 빠져 죽을 위기에 처해 있다. 사진 위쪽 원 안에는 사람들이 급류에 휘말려 죽게 된 한 사람을 바라보며 소리치고 있다.

타 종교 = 구경꾼

누가 구원자인가?

누군가가 죽음의 위험에 처한 이 사람을 구원하고 자기 생명을 희생하였다면, 이 사람에게 구원자는 오직 그 한 사람뿐이다. 구경꾼은 구원자가 될 수 없다.

"저러다 죽는다. 저 사람을 빨리 건져 내야 한다. 빨리 119에 전화해라!"

모두가 안타까워 소리친다. 그들은 진실로 불쌍한 마음을 가지고 안타까워하며 물에 빠진 사람이 구조되길 바라고 있다. 그러나 중요한 것은 곧바로 물에 뛰어들어 그를 직접 구하려고 하는 사람은 아무도 없다는 것이다.

그들은 바라보고 소리만 치는 구경꾼과도 같다. 타 종교는 일종의 구경꾼이다. 구경꾼은 구원자가 될 수 없다. 타 종교도 긍휼한 마음과 자비를 강조하고, 선한 말과 행동을 가르친다. 하지만 죽어가는 자를 구원하기 위해 자기 목숨을 대신 내놓았던 교주는 없다.

만약 나를 사망에서 구하고, 내 죄를 대신 뒤집어쓰고 죽는 자가 있다면, 그는 나에게 있어 구원자다. 내가 죄로 인해 영원한 사망과 지옥에 갈 위기에 처했는데, 나를 구원할 이가 누구인가? 나를 살리기 위해 나 대신 내 죄를 짊어지고 죽을 이가 누구인가? 그분은 바로 나를 살리려고 내 죄를 대신 짊어지고 십자가에서 죽으신 예수님이다.

> 아들을 낳으리니 이름을 예수라 하라 이는 그가 자기 백성을 그들의 죄에서 구원할 자이심이라 하니라 이 모든 일이 된 것은 주께서 선지자로 하신 말씀을 이루려 하심이니 이르시되 보라 처녀가 잉태하여 아들을 낳을 것이요 그의 이름은 임마누엘이라 하리라 하셨으니 이를 번역한즉 하나님이 우리와 함께 계시다 함이라 (마 1:21-23)

예수님은 인간과 함께하시는 하나님이시고, 나의 유일한 구원주가 되신다.

8. 나는 과학적으로 증명되지 않는 것은 믿지 않는다 (과학주의자).

자연과학(Natural Science)을 신봉하는 사람에게는 어떻게 복음을 전할 것인가?

미국 칼빈대학 교수가 채플 시간에 이런 말을 했다.

"이 세상에 진리가 없다고 주장하는 것은 이미 진리가 있음을 증거하는 것이다. 진리가 없다면, 굳이 없다고 주장할 필요가 없다."

과학은 원래 원인을 찾아가는 학문이었다. 그런데 무신론자 자연과학자들에 의해 '자연적 원인을 찾아가다'로 과학의 정의가 바뀌었다. 만약 과학이 원래대로 발전했더라면, 과학의 끝은 창조주 하나님과 연결되었을 것이다. 미국의 기독교 변증가, 윌리엄 크레이그(William Lane Craig)는 이렇게 말한다.

"시공을 초월하여 상상할 수 없을 정도로 강력한 힘을 지닌 인격적 존재가 우주의 원인이라는 결론에 도달하며, 우리는 그러한 존재를 '신'이라고 부른다. 지구상에 존재하는 모든 종교 가운데 이런 우주론적 논증에 부합하는 종교는 기독교 외에 존재하지 않으며, 기독교 경전에서는 우주의 원인이 되는 신을 '하나님'이라고 부른다."

그러나 과학의 정의가 '자연적 원인을 찾아가다'로 바뀐 탓에 하나님이 없는 자연과학이 발달하게 되었다.

철학자 데카르트는 "나는 생각한다. 고로 존재한다"라고 말했다. 이 말은 바꾸어 생각하면, "나는 의심한다. 고로 존재한다"라는 말이 된다. 모든 것을 맹목적으로 믿지 말고, 과학적으로 실험해 보고 믿어야 한다는 것이다. 매우 지혜롭고 신중한 태도인 듯 보인다. 그러나 진리까지도 시험하려는 무지와 교만에 불과하다. 진리는 실험을 통해 얻어지는 것이 아니기 때문이다. 진리는 하나님 자신이고,

하나님 말씀이다.

"데카르트의 이런 주장은, 자연과학 발전에는 큰 공헌을 하였지만, 신앙에는 큰 퇴보를 가져왔다. 하나님이 없는 과학은 이제 깨뜨리기 힘든 강력한 우상이 되어 버렸고, 진리를 방해하는 불의가 되어 버렸다. 현재 세상은 과학으로 증명되는 것만 받아들이는 세상이 되어 버렸다. 그렇지만 우리가 꼭 알아야 할 것은 과학이 발전할 수 있는 것은 하나님이 우주 만물을 과학적인 법칙으로 만드셨기 때문이다."(이재훈 목사).

> 나 여호와가 이렇게 말한다. 내가 만약 낮과 밤과 더불어 언약을 맺지 않
> 았거나 하늘과 땅에 법칙을 세워 주지 않았다면 (렘 33:25, 쉬운성경)

하나님은 예레미야에게 천지의 법칙을 하나님이 정했다고 말씀하신다(참조 렘 33:25b). 이처럼 하나님은 과학적인 법칙으로 천지 만물을 만드셨다. 그 덕에 과학은 계속해서 발전할 수 있는 것이다.

중국의 한 과학자 가족을 전도한 적이 있다. 어느 날, 그 과학자의 가족을 우리 집으로 초대하여 식사를 나눈 후에 나는 성경을 통해 그들에게 복음을 전하였다.

나는 창세기 1장에서 하나님의 만물 창조를 설명하고, 2장에서

인간의 창조를 구체적으로 설명하였다. 내가 "여호와 하나님이 아담을 깊이 잠들게 하시니 잠들매 그가 그 갈빗대 하나를 취하고 살로 대신 채우시고"(창 2:21)를 읽고 설명하려는데, 갑자기 50대 나이의 큰 딸이 비웃음 가득한 얼굴로 내게 이렇게 말했다.

"미국에서 박사 학위까지 받은 신 선생님 같은 지식인이 그런 신화 같은 얘기를 하십니까? 남자의 갈비뼈로 여자를 만들었다니요? 나 참, 하하."

그들은 서로 눈짓을 주고받으며, "안 그래? 그렇지?" 하며 웃었다. 그녀는 이어서, "사모님이 만드신 한국 음식은 정말 맛있는데, 그런 신화 같은 이야기는 그만 듣고 싶습니다"라고 정중히 말했다.

그때 성령의 도우심이 없었더라면, 나는 그들에게 끝내 복음을 전하지 못했을 것이다. 나는 그들에게 진지한 표정으로 말했다.

"저는 중국의 과학이 많이 발달하여 상당히 높은 수준에 이르렀다고 생각했는데, 아직 그 정도 수준은 아닌 것 같군요."

순식간에 분위기가 가라앉았고, 사람들의 눈과 귀가 내 입으로 쏠렸다.

"미국의 과학자들은 하나님이 두 번째 인간, 하와를 만드신 방법을 통해서 동물을 복제하고 줄기세포를 만드는 연구를 하고 있고, 한국도 그런 연구를 하는데, 아직 중국은 그 정도까지는 아닌가 보군요."

그랬더니 과학자인 아버지가 중국에서도 '커롱'이라는 연구가 진행되고 있다면서 좀 전과는 사뭇 다른 신뢰감 있는 진지한 얼굴로 내게 말했다. 그래서 나는 "내가 지금 성경을 통해 설명하는 것은 신화나 우화가 아닙니다"라고 말하면서 다시 성경을 통해 복음을 설명해 나갔다.

나는 창세기 2장 21절을 통해 생명공학만 발전한 것이 아니고, 이 구절을 통해 아이디어를 얻은 의사들이 마취제를 개발해 냈다고 설명해 주었다.

실제로, 그렇게 해서 마취제를 발견한 의사가 크로퍼드 롱(Crawford Williamson Long)과 제임스 심프슨(Simpson, James Young)이다. 미국 국회의사당에 세워져 있는 크로퍼드 롱의 대리석상 맨 아래에는 "내 직업은 신이 나에게 주신 성스러운 사명"이라 적혀 있다. 크로퍼드 롱이 '에테르 마취제'의 최초 발견자라는 것을 국가가 공식 인정한 것이다.

또 한 사람, 스코틀랜드 의사인 제임스 심프슨은 마취제 클로로폼의 발견자다. 그는 1846년 스물아홉의 젊은 나이에 에든버러 대학의 의대 교수가 되었다. 신실한 그리스도인인 심프슨은 많은 외과 수술을 하면서 수술 중 환자가 받는 고통에 매우 가슴 아파했다. 그는 창세기 2장을 읽다가 다음 구절에서 크게 감동했다.

여호와 하나님이 아담을 깊이 잠들게 하시니 잠들매 그가 그 갈빗대 하나를 취하고 살로 대신 채우시고 여호와 하나님이 아담에게서 취하신 그 갈빗대로 여자를 만드시고 그를 아담에게로 이끌어 오시니(창 2:21-22)

그는 이 말씀을 곧이곧대로 믿음으로 받아들였다. 의학적으로 볼 때, 아담에게서 갈비뼈 하나를 떼어 내는 것은 매우 큰 수술인데, 아담이 잠에서 깨어난 후에 여자를 보고, "이는 내 뼈 중의 뼈요 살 중의 살이라"(창 2:23)라고 말하며 기뻐하는 모습은 고통을 전혀 느끼지 못하고 있음을 의미하는 것이다. 심프슨은 여기서 착안하여 하나님이 아담을 잠재우셨던 것처럼 환자를 잠재워 수술 중 고통을 느끼지 못하게 하는 마취제 클로로폼을 발견했다.

그가 말년에 대학에서 마지막 강의를 할 때, 한 제자가 그에게 이런 질문을 하였다.

"선생님이 지금까지 발견하신 것 가운데 가장 큰 발견은 무엇이라고 보십니까?"

그는 내심 심프슨 교수가 마취제 클로로폼을 발견한 것이 '내 생애 가장 큰 발견'이라고 대답할 것이라 생각했다. 그런데 뜻밖에도 심프슨은 "나의 가장 위대한 발견은 내가 큰 죄인이라는 것과 예수님이 나를 죄에서 구원해 주신 구주라는 사실입니다"라고 말했다.

우리 집에 초대한 그 과학자 가족은 그날 성경을 통해 복음을 자세히 들었지만, 예수님을 영접하지는 않았다. 그러나 성령의 역사하심으로 열린 마음이 되어 돌아갔다. 내가 복음을 전할 때 그들의 세계관에 균열이 생겼고, 그로부터 얼마 지나지 않아 한 사람씩 예수님을 믿게 되었다.

다음은 과학자 가족의 둘째 딸이 나에게 보내온 자기 어머니 간증이다.

"나의 어머니는 남부 광둥성에서 태어나셨다. 외할아버지는 유명한 담배회사의 대주주이자 장제스 정부의 ○○위원회의 주임이셨다. 외할아버지는 나의 어머니를 광조우에 있는 미션 스쿨에 보냈다. 어머니는 거기서 공부하다가 후에 중화인민공화국 총리가 되는 저우언라이(周恩來)를 만나셨다.

1937-1940년, 저우언라이는 어머니를 장제스의 아들 장징궈(蔣經國)에게 보냈고, 어머니는 그의 비서가 되셨다. 장제스는 당시 중국 정부의 최고 지도자였고, 1949년 이후 아들 장징궈가 그의 뒤를 이어 대만의 총통이 되었다.

어머니는 1947년-1949년에 중국 공산당 중앙정부에서 신화사 기자로 일하시다가 덩샤오핑(鄧小平)의 부인 줘린(卓琳)의 소개로 아버지를 알게 되었고, 어머니와 아버지가 결혼하실 때 덩샤오핑의 부인이 주례를 맡았다. 덩샤오핑은 나중에 중국 주석이 되었고, 우리 아버지와 줘린 부인은 같은 사무실에서 일하게 되었다.

1949년 새로운 정부가 들어섰다. 어머니는 인민대학에서 경제관리학을 공부하셨고, 졸업 후 줄곧 중국 국무원 직속 항공공업부에서 인사국 부사장으로 일하셨다(항공공업부 부사장은 당 서열이 베이징시 부시장급에 해당한다). 그후 어머니는 북경항공대학 교수를 역임하셨고, ○○○대학을 설립하여 경제관리학을 가르치셨다.

어머니가 젊어서부터 받으신 교육은 모두 공산주의 교육이다. 1949년 이전에는 공산당 지하당에서 일하셨고, 1949년 중화인민공화국이 수립된 후에는 당에 충성하셨다.

가족 중 내가 가장 먼저 예수님을 믿었고, 기회가 될 때마다 어머니에게 예수님을 믿으라고 권했지만, 절대로 받아들이지 않으셨다.

2007년 6월, 어머니가 병원에서 종합검진을 하셨는데, 유방암 말기 판정을 받으셨다. 신 선생님과 사모님이 세 아이를 키우면서 어머니와 우리 가족을 위해 며칠 동안 금식기도를 하였다. 그리고 우리 가족을 선생님 집으로 초대했다.

사모님이 맛있는 한식과 중식 요리를 만들어 우리 가족을 섬겨주었고, 신 선생님은 성경을 통해 온전한 복음의 내용을 우리 가족들에게 전해주었다. 어머니와 아버지, 그리고 언니와 영국 유학 중인 조카딸은 태어나서 처음으로 창세기 1, 2, 3장의 성경 말씀을 직접 읽었고, 로마서 말씀(롬 3:10-11; 6:23; 10:10, 13)을 직접 읽었다.

복음의 씨앗이 우리 온 가족들의 마음에 뿌려졌는데도 어머니는 마음을 전혀 열지 않았다. 어머니의 유방암이 더욱 심각한 상태가 되었고, 위와 간에도 암이 전이되었다. 신 선생님이 암으로부터 어머니가 깨끗해지도록 전화로 간절히 기도해 주었다. 어머니는 작은 믿음이지만 "암을 수술하지 않겠다"라는 결정을 내렸다. 1주일 후 병원에 가서 암 검진을 받는데, 놀랍게도 유방암과 전이되었던 모든 암 세포가 깨끗이 사라지고 없었다.

2012년 겨울, 어머니가 연로하여 병원에 입원했을 때, 선생님과 사모님이 병원에 문병을 왔다. 어머니는 선생님과 사모님의 얼굴에서 어머니가 마음속으로 상상했던 하나님의 사랑, 그런 사랑을 보았다고 두 분이 돌아간 후에 나에게 말했다.

선생님과 사모님께 이 말씀을 드리자, 사모님은 "한 영혼을 구원하기 위해서는 필사적이야 한다"고 말했고, 신 선생님은 "하나님의 사랑이 바로 복음이다. 복음은 하나님의 가장 큰 사랑이다"라고 말했다. 신 선생님과 사모님의 그 말은 후에 내가 복음을 전하는 데 하나의 큰 원동력이 되었다.

2013년 1월 5일, 사모님의 인도 하에 어머니는 마침내 예수 그리스도를 자신의 구주로 영접하였다. 너무 바라던 하나님 자녀로서의 어머니 인생이 시작되는 순간이었다.

매번 내가 어머니를 모시고 어머니의 직장 회의에 참석할 때마다, 회의에 참가한 모든 사람이 어머니의 얼굴에서 빼앗을 수 없는 기쁨과 평안이 있음을 발견하고는 놀라워했다. 어머니는 항상 "예수님" 때문이라고 거리낌 없이 그들에게 말했다.

2018년 11월 17일, 어머니는 사모님이 갖다준 성경 녹음기로 요한복음 1장을 들으면서 하늘의 집으로 귀향하였다.

2007년 선생님 집에서 복음의 씨앗이 뿌려졌고, 어머니는 그 후 6년이 지난 2013년에 예수님을 구주로 영접하였다. 아버지, 언니, 여동생, 가족 모두가 예수님을 믿게 되었고, 세례를 받았다. 아버지는 2018년 4월 부활절 날에 천국의 집에 가셨다. 어머니보다 7개월 빨리 천국에 가셨다.

하나님이 세상을 이처럼 사랑하사 독생자를 주셨으니 이는 그를 믿는 자마다 멸망하지 않고 영생을 얻게 하려 하심이라(요 3:16)

天地都要废去, 上帝的话语永远常存!
(천지가 다 없어질지라도, 하나님의 말씀은 영원하다!)

9. 나는 예수님을 믿으면 세상 즐거움과 취미 생활을 못 하게 될까 봐 두렵다. 인생을 무슨 재미로 사는가?

이런 생각을 가진 사람들을 전도할 때, 먼저 말해 주어야 할 것은, 예수님을 믿고 교회 다니면 세상에서 즐기던 것들보다 더 좋은 것과 유익한 것들을 얻게 된다는 사실을 설명해 주어야 한다. 그리고 술 담배가 자기 건강과 인생을 얼마나 치명적으로 파괴하는지 확실하게 알려 주어야 한다.

왜 술 담배를 하면 안 되는가?

첫째, 자신의 건강을 위해서다.

암 전문의 원종수 박사가 이런 말을 하였다.

"사람은 일반적으로 매일 암세포 7개가 생성되고, 암세포를 죽이는 좋은 세포도 매일 7개가 생성된다. 그러나 만약 어떤 사람이 담배를 피우면, 암세포는 매일 150개로 늘어난다. 만약 술까지 마시는 사람이면 매일 4배 더 많은 암세포가 생긴다.

이것을 수학적으로 설명하면, 술과 담배를 하는 사람은 $150 \times 4 = 600$, 곧 매일 600개의 암세포가 생성된다. 그러므로 좋은 세포가 하루에 7개 생성되므로, 600(암세포) − 7(좋은 세포) = 593개의 암세포가 매일 몸 안에 축적이 된다. 이런 식으로 암세포가 계속 증가하면 결국 그 사람은 암에 걸리게 된다."

원 박사는 "예수님을 믿고 교회 다니면, 돈 내고 헬스장 가서 열심히 운동하는 것보다 훨씬 더 건강하고, 암에 걸릴 가능성도 훨씬 적고, 술 담배 값 아끼고 병원비도 들지 않으니 결과적으로 큰 돈을 버는 것이다"라고 말했다.

교회가 술 담배를 못 하게 하기 때문에 예수님을 안 믿을 것이 아니라, 내 의지로 끊기 힘든 술과 담배를 하지 못하게 하는 교회에 오히려 감사해야 한다.

둘째, 다른 사람을 위해서 술 담배를 하면 안 된다.

그런즉 너희의 자유가 믿음이 약한 자들에게 걸려 넘어지게 하는 것이 되지 않도록 조심하라(고전 8:9)

모든 것이 가하나 모든 것이 유익한 것은 아니요 모든 것이 가하나 모든 것이 덕을 세우는 것은 아니니(고전 10:23)

내가 선교지에서 한번은 어린 세 아이들과 함께 엘리베이터를 탔는데, 좁은 엘리베이터 안에서 한 중년 남자가 담배를 피웠다. 우리 아이들은 약속이나 한 듯 손으로 코를 잡고 숨을 참았지만, 16층에서 1층까지 내려가니 참기 힘들어서 아이들이 심하게 기침하였다. 자기 건강을 위해서는 물론 다른 사람의 건강을 위해서도 담배는 피우지 않는 것이 좋다.

어떤 사람들은 "술 취하지 말라고 했지, 술 마시지 말라고는 안 했어!"라고 말한다. 이것은 성경을 잘 모르고 하는 말이다.

술에 관련된 성경 말씀들을 살펴보면 다음과 같다.

술 취하지 말라 이는 방탕한 것이니(엡 5:18)

낮에와 같이 단정히 행하고 방탕하거나 술 취하지 말며(롬 13:13)

술 취하거나 속여 빼앗거든 사귀지도 말고 그런 자와는 함께 먹지도 말라(고전 5:11)

술을 즐기지 아니하며 … 술에 인박히지 아니하고(딤전 3:3, 8)

포도주는 거만하게 하는 것이요 독주는 떠들게 하는 것이라(잠 20:1)

술과 기름을 좋아하는 자는 부하게 되지 못하느니라(잠 21:17)

술 취하는 자나 모욕하는 자나 속여 빼앗는 자들은 하나님의 나라를 유업으로 받지 못하리라(고전 6:10)

이웃에게 술을 마시게 하되 자기의 분노를 더하여 그에게 취하게 하고 그 하체를 드러내려 하는 자에게 화 있을진저(합 2:15)

포도주를 마시기에 용감하며 독주를 잘 빚는 자들은 화 있을진저(사 5:22)

술을 즐겨 하는 자들과 고기를 탐하는 자들과도 더불어 사귀지 말라(잠 23:20)

술 취하고 음식을 탐하는 자는 가난하여질 것이요(잠 23:21)

포도주는 붉고 잔에서 번쩍이며 순하게 내려가나니 너는 그것을 보지도 말지어다(잠 23:31)

재앙이 뉘게 있느뇨 근심이 뉘게 있느뇨 분쟁이 뉘게 있느뇨 원망이 뉘게 있느뇨 까닭 없는 상처가 뉘게 있느뇨 붉은 눈이 뉘게 있느뇨 술에 잠긴 자에게 있고 혼합한 술을 구하러 다니는 자에게 있느니라(잠 23:29-30)

술은 마시면 취하게 되어 있고, 여러 해악의 원인이 된다.

〈크리스천투데이〉 칼럼에 이런 글이 실렸다.

"술을 마시면 건강 잃고, 재물 잃고, 지혜 잃고, 분쟁이 있고, 악한 분노가 생기고, 화목이 깨지고, 다툼이 생기고, 좋은 친구를 잃고, 원망이 생기고, 난폭해지고, 죄를 짓고, 가정에 불화가 생기고, 가난하게 되고, 재앙이 있고, 실수를 하게 되고, 질병이 생기고, 중독자가 되어 모든 것을 잃게 되고 결국에는 영혼이 망하게 된다."

셋째, 하나님의 영광을 위해서 술 담배를 하면 안 된다.

그런즉 너희가 먹든지 마시든지 무엇을 하든지 다 하나님의 영광을 위하
여 하라(고전 10:31)

하나님께 영광이 되지 않는 것, 즉 하나님이 기뻐하시지 않는 것
은 하지 않는 것이 가장 좋다. 자신의 건강을 위해서, 다른 사람을
위해서, 하나님의 영광을 위해서도 술 담배는 하지 않아야 한다.

10. 나는 일과 돈을 버는 것에 관심이 있고, 종교 같은 것에는 관
   심이 없다(무관심주의자).

먼저, 돈과 일에만 모든 가치를 두는 세계관부터 깨뜨려야 한다.
그리고 그 사람의 관심을 하나님 쪽으로 돌리는 것이 필요하다. 이
때 적절한 질문을 사용하는 것이 필요하다.

내가 주로 사용하는 질문은 이것들이다.

"그렇게 열심히 일해서 돈 많이 벌었습니까?"

"이제 만족하십니까?"

"지금 행복하십니까?"

이 질문에 대한 대답은 거의 비슷하다. "아니다. 불만족하다. 돈
못 벌었다. 더 벌어야 한다. 더 열심히 일해야 한다…."

물질은 아무리 많아도 만족이 없다.

나는 이런 사람들을 전도할 때 이렇게 말한다.

"사람이 돈 벌고 일만 하라고 태어난 것은 아닙니다. 만약 사람이 돈과 일을 위해 태어났다면, 차라리 안 태어난 것만 못합니다. 진정한 만족과 기쁨과 평안과 행복은 예수님 안에 있습니다."

대상자가 나의 말이 정말인지 궁금해하거나 어느 정도 동의하며 관심을 갖기 시작할 때, 성경을 통해 구체적인 복음의 내용을 설명한다.

선교지에서 하루는 아주 스마트한 명문대 교수가 성경 공부를 하다가 나에게 이런 질문을 하였다.

"성경에는, 하나님과 재물을 겸하여 섬기지 못한다고(마 6:24) 쓰여 있는데, 지금은 예수님 시대와 많이 달라서 신앙과 물질 둘 다 성공할 수 있습니다. 신 목사님, 그렇지요?"

나는 그에게 "예수님의 말씀을 잘못 이해한 것 같군요"라고 말하면서 일어나서 몸으로 직접 시범을 보였다.

"세상의 방향과 하나님 나라의 방향은 서로 정반대입니다. 저의 두 발을 잘 보세요. 한 발은 왼쪽으로, 또 한 발은 오른쪽 방향으로, 서로 반대 방향으로 계속 나아가면 그 결과가 어떻게 될까요? 다리가 찢어져 죽게 됩니다."

그랬더니 그 교수는 얼굴이 빨개져서 바로 "네, 알겠습니다. 이제 확실히 이해했습니다. 감사합니다. 선생님"이라고 말하며 고개를 푹 숙였다.

11. 종교는 나약한 자들에게나 필요한 것이다.

어떤 사람들은 말한다.

"종교는 나약한 사람들이나 필요한 것이다. 나는 절대로 나약한 사람들처럼 신앙 같은 것에 의지하며 살지는 않는다. 더 열심히 공부하고 일하고 노력하면 얼마든지 원하는 것을 이룰 수 있다."

이런 사람은 주로 성공 가도를 달리는 사람이고, 능력 있는 사람이다. 이런 사람에게 어떻게 복음을 전해야 할까?

이런 사람에게는 인간의 나약함과 불완전함과 인간의 한계를 말해 주는 것이 필요하다. 눈에 보이지 않는 아주 작은 감기 바이러스가 몸에 들어오면, 우리는 약을 먹고 2-3일간 아무것도 못 하고 누워 있어야만 한다. 이렇게 나약한 존재가 바로 인간이고, 나 자신이다.

하루는 전도하다가 이와 같은 사람을 만난 적이 있었다. 그가 계속 자기 능력을 자랑하고 기독교인들을 무시하는 말을 하여, 나는 그에게 "내가 보기에 당신이야말로 그 누구보다 하나님의 도움이 필요한 사람 같은데, 안 그런가요?" 하고 물었더니, 그 사람이 깜짝 놀라면서 어딘가에 급히 전화하고서, 한번 복음을 들어보겠다고 말하였다.

내가 휴대폰을 끄고, 한 시간 정도 집중해서 들을 수 있느냐고 물었더니, 중요한 전화를 기다리고 있으므로 끌 수는 없으며, 한 시간은 너무 길다고 말하였다. 나는 그에게 "당신 같이 능력 있는 사람이 한 시간도 콘트롤을 못 하느냐" 하고 말했더니, 자신이 유능하다는 것을 증명하고 싶었는지, 또 몇 군데 전화를 하고는 "이제 다 처리했습니다"라고 말하며, 절대 한 시간을 넘기면 안 된다고 나에게 몇 번이나 확인하고서야 휴대폰을 껐다.

그날 그 사람은 50분도 채 되기 전에 성경을 통해 복음의 전 내용을 듣고, 예수님을 자신의 구주로 영접하였다. 할렐루야. 더 놀라운 것은, 그가 예수님을 구주로 믿고 난 첫 번째 주일날 친구와 함께 두 사람이 교회 예배에 참석했다는 것이다. 그는 신앙이 빠르게 성장하더니, 2년 후에는 소그룹 리더가 되었다.

복음을 강하게 거부하고, 기독교인을 무시하고 핍박하던 사람 중에는, 나중에 선교사나 목사 또는 복음 전도자가 되는 사람들이 많다. 바울도 그런 사람들 중에 한 명이었다. 만약 복음을 전하다가 강력하게 반대하는 자를 만나면, 막막해할 필요도 없고 화낼 필요도 없다. 미래에 목사나 선교사가 될 사람이라고 생각하고, 편안한 마음으로 기도하면서 복음을 전할 방법을 찾으면 된다.

12. 나는 눈에 안 보이는 것은 존재하지 않는다고 믿는다(무신론자).

이 말에는 두 가지 틀린 점이 있다.

첫째, 우리 눈은 너무 가까워도 안 보이고, 너무 멀어도 안 보인다. 너무 커도 형체가 안 보이고, 너무 작아도 안 보인다.

둘째, 안 믿는다는 것은 이미 무언가를 믿고 있는 것이다. 만약 누군가가 지구에는 생명체가 없다고 말한다면, 그 주장은 틀린 것이다. 지구에는 수십억 이상의 사람들이 살고 있기 때문이다. 또한 바이러스, 전파, 공기, 작은 입자, 원자 등은 분명히 존재하지만, 우리 눈에는 보이지 않는다. 사실 알고 보면, 세상에는 눈에 안 보이는 것들이 보이는 것들보다 더 많다. 만물의 창조주이신 하나님도 눈에 안 보인다.

그가 내 앞으로 지나시나 내가 보지 못하며 그가 내 앞에서 움직이시나 내가 깨닫지 못하느니라(욥 9:11)

우리가 그를 힘입어 살며 기동하며 존재하느니라(행 17:28)

하나님이 모든 것을 지으시되 때를 따라 아름답게 하셨고 또 사람들에게는 영원을 사모하는 마음을 주셨느니라 그러나 하나님이 하시는 일의 시종을 사람으로 측량할 수 없게 하셨도다(전 3:11)

수십억
인구

위의 사진을 보면, 아래쪽은 달의 표면이고, 왼쪽에 빛나는 것은 태양이고, 오른쪽 위에 있는 것은 지구다. 멀리서 보면, 지구라는 행성에는 그 어떤 생명체도 보이지 않는다. 파란색과 흰색이 약간 보일 뿐이다. 만약 누군가가 지구에는 생명체가 없다고 말한다면, 그 주장은 틀린 것이다. 지구에는 수십억 이상의 사람들이 살고 있고, 수많은 생물이 살고 있기 때문이다. 그러므로 눈에 보이지 않으면, 존재하지 않는다는 주장은 틀린 주장이다.

너희의 하나님 여호와는 신 가운데 신이시며 주 가운데 주시요 크고 능하
시며 두려우신 하나님이시라(신 10:17)

만국의 모든 신은 헛것이나 여호와께서는 하늘을 지으셨도다(대상 16:26)

이는 사람으로 혹 하나님을 더듬어 찾아 발견하게 하려 하심이로되 그는 우리 각 사람에게서 멀리 계시지 아니하도다(행 17:27)

하나님은 눈에 보이지 않으나 우리와 아주 가까이 계신다. 믿는 자 안에도 계시고, 밖에도 계시고, 창조하신 우주 안팎에도 존재하신다.

13. 하나님은 사랑의 하나님이다. 사랑의 하나님이 다른 종교인 들을 모두 지옥에 보내겠는가? 하나님은 그런 잔인한 분이 아 닐 것이다.
    전도할 때, 이렇게 말하는 사람들을 의외로 많이 만나게 된다. 이 들에게 복음을 어떻게 전할 것인가?

하나님은 사랑이심이라(요일 4:8)

맞는 말이다. 하나님은 사랑이시다. 성경에도 그렇게 쓰여 있다. 그러나 다음 구절을 보면, 하나님의 사랑이 무엇을 의미하는지 알 게 된다.

하나님의 사랑이 우리에게 이렇게 나타난 바 되었으니 하나님이 자기

의 독생자를 세상에 보내심은 그로 말미암아 우리를 살리려 하심이라

(요일 4:9)

하나님의 사랑은 바로 예수님이다. 하나님은 우리를 영원한 사망으로부터 살리기 위해 이 땅에 예수님을 보내 주셨다. 예수님을 구주로 믿는 것은 하나님의 사랑을 받아들이는 것이다.

그런데 하나님은 거룩하시기에 죄를 싫어하신다.

내가 거룩하니 너희도 거룩할지어다(레 11:45)

하나님은 자기의 형상을 따라 창조하신 인간을 무조건적으로 사랑하시지만, 죄까지 사랑하시는 무분별한 분은 아니다. 죄는 사랑의 대상이 아니라 심판의 대상이다.

14. 복음을 들을 기회가 아예 없는 채로 죽은 사람이 지옥에 간다면, 그것은 너무 불공평하고 불공정한 일이다. 하나님이 진짜 있다면, 그런 불공평한 일은 하지 않을 것이다(공평주의자).

먼저, 공정하고 공평한 것이 무엇인가를 설명해 주어야 한다. 가장 공평한 것은 죄인이 자기 죗값을 스스로 치르는 것이다. 죄의 대가는 영원한 사망, 영원한 지옥이다. 그런데 예수님이 이 땅에 오셔

서 십자가에서 죄인을 대신해 죽으신 사건이 일어난 뒤에 아주 불공평한 일들이 생겨났다.

분명히 죄를 지었는데 죄진 사람이 심판에 처하지도 않고, 영원한 사망에 처하지도 않고, 지옥에도 가지 않게 된 것이다. 그것은 예수님이 죄인이 받아야 할 형벌을 대신 받으시고, 죄인의 죗값을 십자가에서 대신 치르셨기 때문이다.

> 아들을 낳으리니 이름을 예수라 하라 이는 그가 자기 백성을 그들의 죄에서 구원할 자이심이라 하니라(마 1:21)

성경은 예수님이 자기 백성을 구원하기 위해 이 땅에 오셨다고 말한다. 사도 바울은 죄인이 어떻게 구원받는가를 로마서에서 좀 더 구체적으로 설명한다.

> 네가 만일 네 입으로 예수를 주로 시인하며 또 하나님께서 그를 죽은 자 가운데서 살리신 것을 네 마음에 믿으면 구원을 받으리라 사람이 마음으로 믿어 의에 이르고 입으로 시인하여 구원에 이르느니라(롬 10:9-10)

전도자는 대상자에게 이 불공정하고 불공평한 복음의 수혜자가 될 것인가, 아니면 거절하는 자가 될 것인가를 물어야 한다. 그렇다고 구원의 주권이 전도 대상자에게 있다는 뜻은 아니다. 구원은 예수님의 대속을 통해 주시는 하나님의 은혜다. 그리고 구원 사역은 성령께서 주관하신다.

복음은 선택된 자든 아니든 모든 사람에게 전파되어야 한다. 그러나 복음을 듣지 못한 채 죽었다고 해서 불공정하고 불공평한 것은 아니다. 왜냐하면 모든 인간은 자기 죄로 말미암아 죽어 심판 받고 죄의 대가를 치르게 되기 때문이다.

하나님이 그 아들을 세상에 보내신 것은 세상을 심판하려 하심이 아니요 그로 말미암아 세상이 구원을 받게 하려 하심이라 그를 믿는 자는 심판을 받지 아니하는 것이요 믿지 아니하는 자는 하나님의 독생자의 이름을 믿지 아니하므로 벌써 심판을 받은 것이니라(요 3:17-18)

그렇다면 복음을 들을 기회가 없던 시대에 살았던 훌륭한 위인들은 어떻게 되었을까? 그들이 다 지옥에 갔단 말인가?

그렇다. 아무리 선한 일을 많이 하고 국가에 헌신한 훌륭한 인물일지라도, 죄에 대한 공의로운 하나님의 심판으로부터 예외가 될 수는 없다. 모든 사람은 자기 행위대로 자기가 지은 죄에 따라 심판을 받는다.

또 내가 보니 죽은 자들이 큰 자나 작은 자나 그 보좌 앞에 서 있는데 책들

이 펴 있고 또 다른 책이 펴졌으니 곧 생명책이라 죽은 자들이 자기 행위

를 따라 책들에 기록된 대로 심판을 받으니(계 20:12)

우리는 지금 복음을 들을 수 있는 은혜의 시대에 살고 있다. 이 얼마나 감사한가? 이것이야말로 전 인류 역사를 뒤돌아볼 때, 참으로 불공평한 것이다. 나 같은 죄인이 복음을 듣고 예수 안에서 하나님의 자녀가 되고 천국을 소망하면서 살다니, 모든 것이 주님의 은혜이다. 할렐루야!

15. 나는 다른 종교를 믿는다. 우리 서로 각자의 종교를 존중하자.

이렇게 말하는 사람은 서로의 종교가 동등하다는 전제 하에서 인간관계를 추구하는 사람이다. 이런 사람에게는 먼저 종교에 관한 그릇된 세계관을 깨뜨리는 것이 필요하다.

이때 'Do'의 신앙과 'Done'의 신앙을 예로 들어 설명하는 것이 좋다. 세상에는 두 종류의 신앙이 있다. 그것은 Do의 신앙과 Done의 신앙이다.

Do의 신앙은,

자신으로부터 출발한 신앙이다.

자신의 선택과 노력과 행위를 중요시한다.

자기 능력과 의지로 신앙생활을 한다.

구원은 인간 스스로의 힘으로 얻는 것이다.

신이 인간을 의지하여 존재한다.

신은 받는 자요 인간이 주는 자다.

Done의 신앙은,

창조주 하나님으로부터 출발하는 신앙이다.

하나님의 선택과 은혜와 행위를 중요시한다.

인간이 하나님을 의지해 존재하는 신앙이다.

구원은 하나님으로부터 은혜로 주어지는 것이다.

하나님은 스스로 존재하신다.

하나님은 주시는 자요 인간은 받는 자다.

Do의 신앙은 타 종교의 신앙이고, Done의 신앙은 기독교의 신앙이다.

Do의 신앙은 마치 어린아이가 아버지의 손가락만 잡고, 사람이 많이 다니는 혼잡한 거리를 걷는 것과도 같다. 어린아이가 계속 자기 힘으로 아버지의 손가락을 잡고 가는 데는 한계가 있다. 큰 어려움에 부딪히면 잡고 있던 손을 놓게 된다. Do의 신앙은 인간이 주체가 되는 타 종교의 신앙이다. 구원의 커트라인을 인간이 정한다. 이는 인간의 행위와 공로로 구원이 결정된다는 뜻이다.

그렇다면 얼마나 선행을 많이 하고, 도를 많이 깨달아야 구원을 얻는단 말인가? 조금만 부족해도 구원을 얻지 못하게 되는가? Do 의 신앙은 이 질문들에 명확한 답을 주어야만 한다.

이와 달리, Done의 신앙은 아버지가 어린아이의 손을 잡고 걷는 것과 같다. 아버지의 손은 곧 하나님의 손을 의미한다. 전능하신 하나님의 손이 어린아이와 같은 나를 붙잡고 간다는 신앙이다. Done 의 신앙은 하나님이 주체가 되신다. 구원은 하나님이 예수 그리스도를 통해 십자가에서 이미 이루신 것을 믿음으로 받아들이는 것이다.

16. 나는 지금 어떻게 해야 할지 모르겠다(복음을 듣고 망설이는 자).

이들에게는 확신이 필요하다. 확신을 갖게 하기 위해서는, 이해와 동의와 결단을 돕는 설득의 과정이 필요하다. 이 책 3장의 '설득의 과정'에서 소개한 〈개미와 만두〉 예화가 복음의 이해에 큰 도움을 줄 것이다.

17. 나는 하나님과 성경에 관해 모두 다 알고 난 후에야 예수님을 믿겠다.

사실, 이 사람은 예수님을 믿고 싶지 않다는 의사를 완곡히 표현

한 것이다. 즉 일종의 거절이다.

인간은 하나님을 평생 연구해도 다 알 수 없다. 유한하고 불완전한 인간이 무한하고 완전하신 하나님을 연구하여 안다는 것 자체가 교만이다. 인간은 자기 자신도 다 알지 못한다. 나 자신을 알려면 먼저 창조자 하나님을 알아야만 한다.

초대교회 교부 아우구스티누스는 "알기 위해서는 먼저 믿어야 한다"라고 말했다. 믿음이란 하나님과 성경에 관해 모든 것을 다 알고 난 후에 믿는 것이 아니다. 모든 것을 다 알기 원한다면, 먼저 믿어야 한다. 인생을 다 알고 나서 태어나는 사람은 없다. 먼저 태어나야 인생을 알 수 있듯이, 먼저 예수님을 구주로 믿고 영적으로 거듭나야만 하나님을 알아 가고 체험할 수 있다.

18. 죽으면 모든 것이 끝인데, 종교가 왜 필요한가?

많은 사람이 자기 마음이 편한 쪽으로 삶과 죽음을 해석하려고 한다. 죽으면 모든 것이 다 끝난다고 말하며 스스로 위안을 얻는다. 죽으면 모든 것이 끝이므로, 살아 있는 동안 인생을 즐겁게 살자는 사람에게 어떻게 복음을 전해야 할까? 사는 동안 하고 싶은 대로 다 하면서 사는 것이 가장 후회 없는 인생이라고 말하는 사람에게 어떻게 전도하면 좋을까?

성경은 죽음이 끝이 아니고, 죽음 후에는 심판이 있다고 말한다.

한번 죽는 것은 사람에게 정해진 것이요 그 후에는 심판이 있으리니

(히 9:27)

사망은 끝이 아니라 오히려 새로운 시작이다. 그 시작은 천국이
나 지옥에서의 영생이다.

사도 요한은 요한계시록에서 최후의 심판을 이렇게 설명한다.

또 내가 보니 죽은 자들이 큰 자나 작은 자나 그 보좌 앞에 서 있는데 책들

이 펴 있고 또 다른 책이 펴졌으니 곧 생명책이라 죽은 자들이 자기 행위

를 따라 책들에 기록된 대로 심판을 받으니(계 20:12)

사람이 죄를 범할 때, 다른 사람의 눈을 피하거나 속일 수는 있어
도 하나님의 눈은 피할 수 없고 하나님을 속일 수 없다.

19. 죽은 후에 진짜 천국과 지옥이 있는가? 천국이 있다면, 어떻
　　게 해야 갈 수 있는가?

인간이 죽으면, 육체와 영혼이 분리된다. 영혼은 죽은 육체에 더
이상 머무를 수 없다. 분리된 영혼은 천국과 지옥, 둘 중 한 곳으로
가게 된다.

천국에 가는 방법은 세 가지다.

첫째, 평생 죄를 한 번도 안 지으면 갈 수 있다.

둘째, 누군가 내 죄의 형벌을 대신 받으면 갈 수 있다. 이것을 대속이라고 한다.

셋째, 하나님의 자녀가 되면 갈 수 있다. 하나님의 자녀는 아버지 집, 곧 천국에 당당히 들어간다.

평생 죄를 단 한 번도 안 짓는다는 것은 실제로 불가능하다. 인간은 태어날 때부터 원죄를 가진 죄인이다. 그러므로 모든 사람은 자기 죄의 형벌을 피할 수 없다. 그러나 만약 누군가 자신이 받아야 할 형벌을 대신 받는다면 천국에 갈 수 있다(대속자가 필요하다).

예수님은 십자가에서 나의 죄를 대속하여 죽으셨다. 우리가 예수님을 구주로 믿을 때, 과거에 지은 죄로 인한 고통은 즉시 사라지지 않을 수 있다. 그러나 죄로 인한 형벌은 예수님을 구주로 믿는 순간 즉시 면하게 된다.

우리가 하나님의 자녀가 되는 방법은 무엇인가? 성경이 그 방법을 제시해 준다.

영접하는 자 곧 그 이름을 믿는 자들에게는 하나님의 자녀가 되는 권세를 주셨으니(요 1:12)

자신이 죄인임을 인정하고, 예수님이 나의 죄를 대속하신 구원자임을 믿는 자는 하나님의 자녀가 된다.

"나는 예수님을 믿는다"를 영어로 하면, "I believe in Jesus"이다. 여기에는 '-안에'란 뜻을 가진 전치사 'in'이 있다. 예수님은 하나님의 아들이고, 예수님을 믿는다는 것은 곧 내가 예수님 안에 속하게 됨을 의미한다.

성경은 지옥에 관해 이렇게 말한다.

거기에서는 구더기도 죽지 않고 불도 꺼지지 아니하느니라(막 9:48)

사람마다 불로써 소금 치듯 함을 받으리라(막 9:49)

예수님은 지옥과 사망의 열쇠를 가지신 분이다.

곧 살아 있는 자라 내가 전에 죽었었노라 볼지어다 이제 세세토록 살아 있어 사망과 음부(지옥)의 열쇠를 가졌노니(계 1:18)

다음은 한 성도의 어머니가 임종하기 직전에 가족에게 남긴 마지막 말이다.

"지금 천국이 보인다. 많은 천사가 나를 영접하러 온다. 주님이 나를 부르시는 음성이 들린다."

그러더니 어머니가 아주 평안한 얼굴로 소천하셨다고 교회 성도가 나에게 문자를 보내왔다. 할렐루야!

20. 예수님은 우리나라의 신이 아니다. 내가 왜 서양의 신을 믿어야 하는가?

이런 사람에게는 하나님이 서양의 신이 아니라 우주 만물의 창조주요 우리의 하나님이시라는 사실을 변증해야 한다. 서방(유럽)의 나라들도 원래는 기독교를 탄압하고 하나님을 믿지 않는 나라들이었다. 그들 나라에 복음이 전해지면서, 그들도 하나님이 바로 자신들의 하나님인 것을 알게 되었다. 하나님은 서방의 신만이 아니라 바로 우리의 하나님이고, 나의 하나님이시다.

※ 이단(異端)을 만나면 어떻게 해야 하는가?

이단에 속한 사람을 한두 번 훈계한 후에 멀리하라(딛 3:10)

이단의 특징과 대처법

1) 이단은 자신들의 교리서를 성경보다 우선시한다.

2) 이미 예수님을 믿고 있는 사람들에게 접근한다.

3) 교회와 교회 지도자들을 비판한다.

4) 편협한 관점에서 성경을 해석한다.

5) 신학적으로 부정확하다.

6) 그들의 교주만이 세상에서 유일하게 성경의 난해한 말씀을 하나님

   께 직접 계시받아 정확히 해석한다고 주장한다.

7) 어떤 교회는 자기 교회 목사만 요한계시록을 정확히 해석할 수 있다

   고 주장한다(각 나라들마다 그런 사람들이 몇 명씩 있다).

8) 이단 교회는 모든 멤버를 교사화한다.

9) 속이는 방법으로 포교 활동을 한다. 좋은 행사나 유익한 세미나를

   한다고 거짓말로 사람들을 모아서 결국은 이단 교리를 가르친다.

   사탄은 거짓의 아비다.

진리가 그 속에 없으므로 진리에 서지 못하고 거짓을 말할 때마다 제 것으로 말하나니 이는 그가 거짓말쟁이요 거짓의 아비가 되었음이라 (요 8:44)

10) 이단은 다른 사람의 말을 경청하지 않고, 자기들이 준비한 말만 세뇌하듯이 반복해 말한다.

11) 이단은 인본주의와 인간관계로 서로를 묶는다. 그래서 한번 들어가면 좀처럼 벗어나기가 힘들다.

12) 사회에서 거절감을 경험한 사람들이 이단에서는 환영받기 때문에 이단의 유혹에 쉽게 빠진다.

13) 어려서부터 많은 무시와 멸시를 받은 사람들이 이단 무리에게서 환대받으면, 쉽게 빠져나오지 못한다. 이런 사람들은 나중에 맹목적인 추종자들로 돌변한다. 그리고 이단을 떠나려는 사람들에게 분노하고 해를 입힌다.

14) 이단 교리는 중독성이 있기 때문에, 이단과 자주 만나서 그들이 하는 말을 귀 기울여 들어줄 필요가 없다.

5장

삶으로
전도하기

가장 어렵고 긴 시간이 필요한 전도법

불신자들은 복음을 받아들이기에 앞서 그리스도인의 삶을 먼저 관찰한다. 자기 삶과 그리스도인의 삶을 비교해 보기도 하고, 만약에 예수님을 믿는다면 자기 삶이 어떻게 달라질 것인가를 생각해 본다. 그래서 삶으로 전도하는 것은 매우 중요하고 반드시 필요하다.

그리스도인에게 어떻게 전도하는지 물으면, 의외로 "나는 삶으로 전도한다"라고 대답하는 사람들이 많다. 삶으로 전도한다는 말에는 몇 가지 의미가 담겨 있다.

첫째, 예수님을 믿은 후 자신의 변화된 삶을 통해, 다른 사람들에게 좋은 영향을 끼쳐서 복음을 전한다는 의미가 있고,

둘째, 주님의 사랑과 희생으로 다른 사람들을 섬김으로써 불신자

들을 교회로 인도한다는 의미가 있고,

셋째, 전도 또는 전도 훈련의 부담을 회피하기 위한 변명으로 그렇게 말하는 경우도 있고,

넷째, 율법적이고 위선적인 사람들이 전도하는 모습을 비판하는 의미일 수도 있다.

만약에 어떤 사람이 아주 진지한 표정으로 나에게 와서 "예수님을 한번 보여 주면 내가 예수님을 믿겠습니다. 당신은 늘 당신 안에 예수님이 살아 계신다고 말하던데, 그럼 한 번만 예수님을 나에게 보여 주세요. 그럼 제가 믿겠습니다"라고 간절히 부탁한다면, 어떻게 하겠는가?

우리는 신앙적인 질문들에 어떻게 대답해야 할지 모를 때가 종종 있다. 그럴 때 가장 좋은 방법은, 성경으로 돌아가서 답을 찾는 것이다. Back to the Bible! 성경에서 예수님은 어떻게 말씀하시는지, 또 성경은 무엇이라고 말하는지 살펴보는 것이 필요하다.

요한복음 14장 8-11절에서 예수님은 빌립에게서 이와 유사한 질문을 받으셨다.

> 빌립이 이르되 주여 아버지를 우리에게 보여 주옵소서 그리하면 족하겠
> 나이다(요 14:8)

빌립은 예수님께 순수한 의도로 요청한다.

"예수님, 하나님 아버지를 한 번만 보여 주시면 제가 만족하겠습니다."

예수님이 하나님과 함께하신다고 여러 차례 말씀하셨으므로(요 10:30, 38) 빌립이 하나님 아버지를 한 번만 보여 달라고 예수님께 말하고 있는 것이다.

그의 요청에 예수님은 어떻게 대답하시는가?

예수께서 이르시되 빌립아 내가 이렇게 오래 너희와 함께 있으되 네가 나를 알지 못하느냐 나를 본 자는 아버지를 보았거늘 어찌하여 아버지를 보이라 하느냐(요 14:9)

내가 아버지 안에 거하고 아버지께서 내 안에 계심을 믿으라 그렇지 못하겠거든 행하는 그 일로 말미암아 나를 믿으라(요 14:11)

11절에 보면, "믿으라"라는 주님의 명령이 두 번 나온다. '내가 말한 것은 모두 다 사실이다. 그냥 내 말을 믿어라'라는 의미를 강하게 내포하고 있다. 미국의 저명한 성경 주석가 윌리엄 헨드릭슨(William Hendriksen)은 이런 신앙이야말로 최고의 신앙이라고 말한다.

그렇지 못하겠거든 행하는 그 일로 말미암아 나를 믿으라 (요 14:11b)

여기서 "그 일"이란 주님이 하나님과 함께하지 않으면 도저히 행하실 수 없는 기적들을 가리킨다.

지금은 삶으로 전도하는 그리스도인들이 그 어떤 때보다 필요한 시대다. 그러나 문제는, 삶으로 전도하는 방법이 가장 어렵고, 가장 오래 걸리고, 가장 큰 노력을 요구한다는 것이다. 오랫동안 좋은 관계를 유지해 왔어도 한 번의 실망과 상처에 대상자는 마음의 문을 닫아 버린다. 관계를 회복하고 복음적인 대화를 나누기까지 오랜 시간이 걸리거나 아예 기회가 다시 오지 않을 수 있다.

삶으로 전도하기 위해서는, 먼저 자신의 삶으로 다른 사람들을 전도할 만한 신앙과 인격을 갖추었는지 스스로 객관적으로 점검하고 확인하는 과정이 필요하다.

우리는 다음 표를 활용하여 자신의 신앙 상태를 가늠할 수 있다.

개인 신앙 점검표

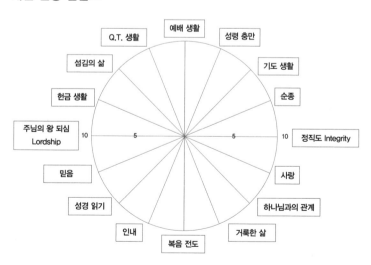

그리스도인들의 신앙 목표는 주님을 닮는 것(Jesuslikeness)이다.

우리가 다 하나님의 아들을 믿는 것과 아는 일에 하나가 되어 온전한 사
람을 이루어 그리스도의 장성한 분량이 충만한 데까지 이르리니(엡 4:13)

우리는 '예수 닮기'를 위해 노력하는 차원에서 〈개인 신앙 점검표〉
의 각 항목을 모자람(0)에서부터 충만함(10)까지 표시함으로써 내 신
앙의 문제는 무엇이고, 어떤 부분이 부족하며, 어떤 영역을 강화해
나가야 할지를 파악할 수 있다.

이때 겸손한 사람과 교만한 사람의 응답이 조금 다를 수 있다. 겸
손한 사람은 각 점검 항목에 되도록 작은 숫자를 기입하려고 할 것
이고, 반대로 자기도취에 빠진 교만한 사람은 숫자를 부풀려서 기입
하려고 할 것이기 때문이다. 그러나 어떤 경우라도 〈개인 신앙 점검
표〉를 통해 자기 신앙의 참 모습을 대략적으로나마 파악할 수 있다.

개인 신앙을 점검하는 방법

〈개인 신앙 점검표〉의 사용법은 다음과 같다.

각 항목에 자신이 생각하는 수치만큼 중심(0)에서 멀어지는 지점
에 점을 찍고 숫자를 기입하라.

- 예배 생활: 출석하는 교회의 모든 예배에 참석하고 있다면, 5에 점을 찍고 그 위에 숫자 5를 쓴다. 주중에 가정 예배를 한 번이라도 드린다면 6에 점을 찍고 그 위에 6을 쓴다. 그 밖에 예배의 질과 관련하여, 신령과 진정으로 예배를 얼마나 잘 드리느냐에 따라 7-10까지 표시할 수 있다.

- 성령 충만: 바울은 "술 취하지 말라 이는 방탕한 것이니 오직 성령으로 충만함을 받으라"(엡 5:18)라고 말했다. 현재 자신이 어느 정도로 성령 충만한지를 가늠하여 점을 찍고 숫자를 기입한다. 만약 잘 모르겠다면, 마귀에 충만한 정도를 생각해 보라. 그러면 성령 충만의 정도를 어렵지 않게 헤아릴 수 있을 것이다.

- 기도 생활: 새벽기도회에 참석하거나 집에서 시간과 장소를 구별하여 기도하고 있다면, 5에 표시한다. 그 이상의 숫자는 기도의 질적인 부분에 해당한다. 기도는 영적인 호흡이자 하나님과의 영적인 대화다. 그저 달라는 기도만 하지는 않는가? 하나님의 뜻에 순종하여 하나님의 뜻대로 살기 위하여 기도하는가? 사명을 감당하기 위해 기도하는가?

- 순종: 말씀에 순종하고, 하나님이 세우신 권위들에 순종하는가? 집에서 권위에 순종하고, 직장에서 권위에 순종하고, 교회에서 권위에 순종하는가? 그 밖의 권위들에 얼마나 순종하는지 생각해 보라. 5 이상은 형식적인 순종이 아닌 질적인 순종에 해당한다.

- 정직도(Integrity): 나는 하나님과 사람 앞에서 얼마나 정직한가? 사람들에게서 정직한 사람이라는 평가를 받는다면, 5에 표시하라. 다음 6-10은 하나님 앞에서의 정직도와 관련된다.

- 사랑: 지금 나는 하나님과 사람들을 얼마나 사랑하는가? 예수님은 "하나님의 말씀을 듣고 행하는"(눅 8:21) 자라야 주님의 가족이라고 말씀하셨다. 나는 무엇을 사랑하는지 생각해 보라. 하나님보다 자기 자신, 일, 돈, 운동, 취미 등을 더 사랑하지는 않는가? 자신이 얼마나 이기적인가를 생각해 보면, 하나님 사랑과 이웃 사랑의 정도를 좀 더 정확히 알 수 있다. 만약 그래도 알 수 없다면, 과연 자기 집의 애완견보다 하나님을 더 사랑하는지를 생각해 보라.

- 하나님과의 관계: 나와 하나님의 관계는 어떠한가? 또 나와

죄의 관계는 어떠한가? 나는 하나님과 죄 중에 어느 쪽과 더 가깝고 친밀한가? 성경은 죄로 인해 하나님과의 관계가 깨어진다고 말한다.

- 거룩한 삶: 하나님은 거룩하시다. 하나님은 "내가 거룩하니 너희도 거룩할지어다"(벧전 1:16)라고 명하신다. 나는 얼마나 거룩(성결)하게 살고 있는가? 만약 표면적으로나마 성결하고 거룩하게 살고 있다면, 5에 표시하라. 그 이상의 숫자는 내적인 거룩(성결)과 관련된다.

- 복음 전도: 최근 한 달 동안 한 명이라도 전도했거나(대상자가 결국 안 믿었을지라도) 교회로 인도했다면, 5에 표시하라. 만약 그렇지 않다면, 0에 표시하라. 그러나 대상자를 위해 계속 기도하고 있다면, 1에 표시하라.

- 인내: 나의 인내심은 어떤가? 주를 따르는 제자의 길을 가려면 인내가 필요하다. 하나님의 기도에 대한 응답에도 인내와 기다림이 필요하다. 미국 컬럼비아 국제 대학의 스테인 교수는 "조바심은 마귀의 영향이 아니라 마귀 그 자체다"라고 말한다.

- 성경 읽기: 매일 성경을 1장 이상 규칙적으로 읽고 있다면, 5에 표시하라. 그 이상은 말씀의 이해와 묵상 후에 이어지는 믿음과 순종과 실천에 관련된다.

- 믿음: 현재 나의 믿음 상태는 어떠한가? 나는 매사에 믿음으로 생각하고, 믿음으로 말하고, 믿음으로 결정하고, 믿음으로 순종하고, 믿음으로 실행하고 있는가? 하나님이 보시기에 나는 믿음의 사람인가 생각해 보라.

- 주님의 왕 되심(Lordship): 주님은 내게 어떤 분이신가? 예수님은 나의 주인이며 왕이요 나의 하나님이신가? 내 삶의 주관자는 누구인가? 나 자신인가, 아니면 예수님인가? 실제로 주님이 내 인생 중대사에 얼마만큼 영향력을 행사하시는지 생각해 보라.

- 헌금 생활: 헌금은 하나님이 나의 모든 필요를 공급하시므로 내가 가진 모든 것은 하나님의 것임을 고백하며 감사하는 표시다. 십일조(레 27:30; 신 14:22; 말 3:8)를 하고 있으면, 5에 표시하라. 그 이상의 숫자는 헌금의 질적인 측면 및 헌신과 관련이 있다.

- 섬김의 삶: 나의 섬김 생활은 어떤가? 나는 주로 섬김을 받는 쪽인가, 아니면 다른 사람을 섬기는 쪽인가? 나의 섬김은 손과 발로 실천하는 섬김인가, 아니면 입으로만 하는 섬김인가? 주님의 섬김과 나의 섬김의 동기와 목적과 희생을 비교해 보라.

- Q.T.(Quite a time) 생활: Q.T.를 일주일에 3번 이상 하고 있다면, 5에 표시하라. 그 이상의 숫자는 Q.T의 적용과 관련된다. Q.T.에서 가장 중요한 것은 적용이다. 바르게 적용하려면, 바른 해석이 선행되어야 한다. Q.T.를 형식적으로 하고 있지는 않은지, 점치듯이 하지는 않는지, 진심으로 하는지를 생각해 보라. 그리고 실제로 Q.T.가 매일의 영적 양식이 되고 있는지도 점검하라.

항목 별로 표시한 숫자를 시계 방향의 순서대로 이어 보라. 그러면 다양한 모양의 도형이 그려진다. 어떤 것은 남극 지도 모양이 될 수도 있고, 또 어떤 것은 뾰족한 표창 모양이 될 수도 있다.

그려진 도형의 내부를 형광펜으로 칠해 보라. 그러면 도형의 모양이 뚜렷하게 드러날 것이다.

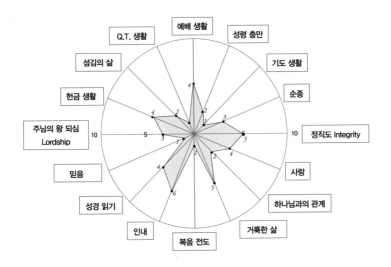

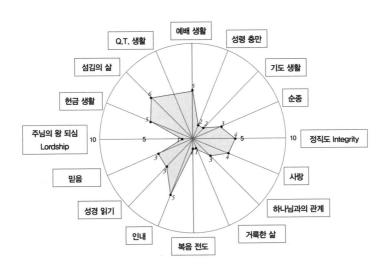

나의 신앙 점검표

지금까지 전도 훈련에 참가한 사람들의 〈개인 신앙 점검표〉를 살펴본 결과, 가장 많이 나오는 형태는 뾰족한 표창 모양이었다. 표창은 잘하는 부분과 못하는 부분이 극명하게 갈리는 형태다. 사람들은 자신이 잘하는 것만 기억하고 말하길 좋아한다. 그러나 때로 자신이 자랑스럽게 여기는 장점이나 영적 은사가 날카로운 표창이 되어 다른 사람을 공격하여 상처를 주기도 한다. 나의 균형 잡히지 않는 신앙이 다른 사람에게 걸림돌이 되고, 교회 공동체에 어려움을 줄 수도 있다. 그러므로 우리는 항상 깨어서 예수님을 닮아 가기 위해 부단히 노력해야 한다.

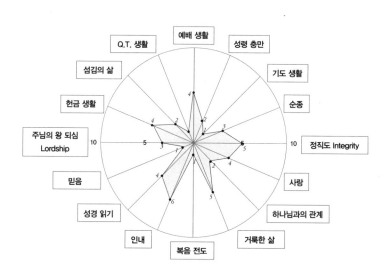

한 달에 한 번씩 〈개인 신앙 점검표〉를 작성하면서 자신의 신앙 상태를 점검해 보길 권한다.

〈개인 신앙 점검표〉에서 10은 주님의 충만함을 의미한다. 우리는 모든 영역에서 예수님을 닮아 가야 한다. 신앙 상태가 10에서 멀어질수록 나를 통해 드러나는 예수님은 그만큼 왜곡되는 것이다. 즉 사람들은 나를 통해 왜곡된 모습의 예수님을 만나고 이해하고 판단하게 된다. "저런 예수라면 나는 필요 없다. 나는 안 믿겠다"라는 마음을 불신자들에게 심어 주는 셈이다. 세상 사람들이 악해서 예수님을 안 믿는 것이 아니라 우리 그리스도인들이 세상 사람들로 하여금 예수님을 믿지 못하게 가로막고 있는 것이다.

복음을 들어본 적이 없고, 성경을 읽어 본 적도 없는 불신자가 예수님에 관해 알 수 있는 가장 쉬운 방법은 먼저 예수님을 믿은 그리스도인들을 관찰하는 것이다. 그러므로 삶으로 전도하기 위해서는 자신의 삶부터 먼저 성찰해 보아야 한다. 혹시 나의 삶이 불신자들에게 "예수님을 믿으면 절대 안 되겠다" 하는 마음을 갖게 하는 것은 아닌지 살펴봐야 한다. 우리가 삶으로 전도하려면 '예수 닮기'가 우리의 가장 시급하고 중요한 사역이 되어야 한다.

감사한 것은 성령께서 이 사역을 매 순간 전폭적으로 도우신다는 것이다.

나를 보내신 이가 나와 함께하시도다 나는 항상 그가 기뻐하시는 일을 행
하므로 나를 혼자 두지 아니하셨느니라(요 8:29)

예수님을 믿는다는 것은 곧 내가 진리이신 예수님 안에 들어가고
예수님이 내 안에 들어오시는 것이다. 거듭난 그리스도인은 반드시
삶이 변화하게 되어 있고, 주님을 닮아 가게 되어 있다.

내 안에 거하라 나도 너희 안에 거하리라(요 15:4)

세상 사람들은 진리를 추구하지만, 우리는 진리와 함께 살고 있
다. 그러므로 우리는 이제 더 이상 어둠의 자녀가 아니요 진리 가운
데 사는 빛의 자녀다. 아멘!

삶으로 증거할 수 있는가?

요한복음 14장으로 돌아가 보자. 빌립이 "주여 아버지를 우리에
게 보여 주옵소서 그리하면 족하겠나이다"(요 14:8) 하고 아뢰자 예수
님이 이렇게 대답하신다.

나를 본 자는 아버지를 보았거늘 어찌하여 아버지를 보이라 하느냐(요 14:9)

만약 불신자가 우리에게 예수님을 한번 보여 달라고 요청한다면, 이에 대한 우리의 대답도 이와 같아야 한다. 보이지 않는 예수님은 우리 그리스도인을 통해 세상에 모습을 드러내신다. "나를 보는 것이 예수님을 보는 것"이라고 말할 정도가 되어야 삶으로 전도하는 것이다. "만약 못 믿겠거든 내가 예수님을 믿고 어떻게 변화하였는지를 보라"라고 말할 수 있어야 한다.

예수님은 요한복음 12장에서도 "나를 보는 자는 나를 보내신 이를 보는 것이니라"(요 12:45)라고 말씀하셨다. 그리스도인은 보이지 않는 예수님을 세상에 나타내는 하나의 전달체다.

하나님은 그 옛날 이스라엘을 선택하시어 하나님을 증거하는 제사장 나라로 삼으셨다.

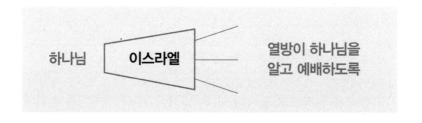

하나님   이스라엘   열방이 하나님을
알고 예배하도록

그들은 자기 사명을 잊어버렸고, 하나님의 뜻에 순종하는 삶을 살지 못했다. 오히려 하나님께 나아오려는 자들을 이방인으로 낮잡아 보며 배척하였다.

신약 시대를 사는 우리는 어떠한가? 예수님의 십자가 대속의 은혜로 구원받은 우리는 구약의 이스라엘처럼 제사장의 사명이 있다. 제사장의 사명이란 열방이 하나님을 알도록 복음을 전하고, 하나님을 예배하도록 인도하는 것이다. 우리는 구약의 이스라엘과 똑같은 잘못을 반복해서는 안 된다.

그리스도인은 이 땅의 영적 이민자

다음 그림은 예수님을 믿는 그리스도인은 이 땅에서 영적 이민자임을 나타낸다.

우리가 사는 현실 세계

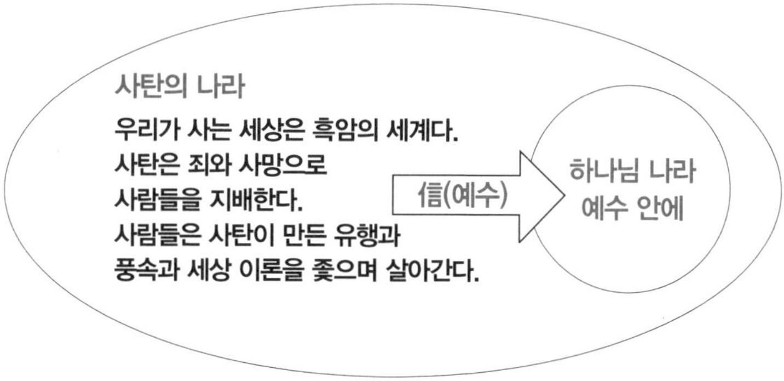

사탄의 나라
우리가 사는 세상은 흑암의 세계다.
사탄은 죄와 사망으로
사람들을 지배한다.
사람들은 사탄이 만든 유행과
풍속과 세상 이론을 좇으며 살아간다.

信(예수)

하나님 나라
예수 안에

그(하나님)가 우리를 흑암의 권세에서 건져내사 그의 사랑의 아들의 나라로 옮기셨으니 그 아들(예수) 안에서 우리가 속량 곧 죄 사함을 얻었도다

(골 1:13-14)

세상은 사탄이 다스리는 흑암 속에 갇혀 있다. 사람들은 사탄이 만든 어둠의 풍속과 이론을 좇아 살아간다. 흑암의 세계는 온갖 죄의 산물로 가득하다. 사탄은 죄와 사망을 무기로 삼아 이 세계를 지배하고 있다.

다음 그림에 표시한 '흑암의 세계에 가득한 것들'을 소리 내어 읽어 보자.

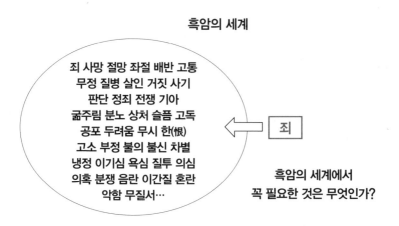

흑암의 세계

죄 사망 절망 좌절 배반 고통
무정 질병 살인 거짓 사기
판단 정죄 전쟁 기아
굶주림 분노 상처 슬픔 고독
공포 두려움 무시 한(恨)
고소 부정 불의 불신 차별
냉정 이기심 욕심 질투 의심
의혹 분쟁 음란 이간질 혼란
악함 무질서…

죄

**흑암의 세계에서
꼭 필요한 것은 무엇인가?**

죄, 사망, 절망, 좌절, 배반, 고통, 무정, 질병, 살인, 거짓, 사기, 판단, 정죄, 전쟁, 기아, 굶주림, 분노, 상처, 슬픔, 고독, 공포, 두려움, 무시, 한(恨), 고소, 부정, 불의, 불신, 차별, 냉정, 이기심, 욕심, 질투, 의심, 의혹, 분쟁, 음란, 이간질, 혼란, 악함, 무질서….

흑암의 세계에 반드시 필요한 것은 무엇인가? 바로 빛이다.

다음 그림은 하나님이 예수님을 통해 사람들에게 주시려는 빛의 산물들이다.

진리 사랑 생명 공의
질서 광명 자유 석방
평안 치료 회복 화평
긍휼 희망 양선 용서
포용 배려 정직 존중
온유 인내 신뢰 은혜
섬김 겸손 절제 격려
칭찬 만족 친절 진실
기쁨 행복…

예수님은 말씀하신다.
"나는 세상의 빛이니"
(요 8:12)

이것들은 하나님이
예수님을 통해
사람들에게 주시려는 것들이다.

그림에 표시된 '빛의 산물들'을 하나씩 소리 내어 읽어 보자.

진리, 사랑, 생명, 공의, 질서, 광명, 자유, 석방, 평안, 치료, 회복, 화평, 긍휼, 희망, 양선, 용서, 포용, 배려, 정직, 존중, 온유, 인내, 신뢰, 은혜, 섬김, 겸손, 절제, 격려, 칭찬, 만족, 친절, 진실, 기쁨, 행복….

이것들은 하나님이 예수님을 통해서 죄의 어둠 속에 살고 있는 인간에게 주시려는 것들이다. 예수님은 빛으로 이 세상에 오셨다. 죄로 인해 흑암에 갇혀 사는 하나님의 백성들을 구원하기 위해 빛으로 오셨다.

전도 대상자에게 질문하라.

"하나님이 예수님을 통해 당신에게 주시려는 구원의 은혜, 구원의 선물을 받길 원합니까?"

대상자가 "네, 받기를 원합니다"라고 대답하면, 바로 영접 기도를 하라.

영접 기도

저를 따라서 기도하시면 됩니다.

"주님, 저는 죄인입니다. 저는 지금 예수님을 저의 죄를 대속하기 위해서 십자가에서 못 박혀 죽으시고 부활하신 구주로 영접합니다. 저의 죄를 용서해 주시고, 저에게 영원한 생명을 주셔서 감사합니다. 저는 이제부터 하나님의 자녀로서 하나님이 기뻐하시는 삶을 살기를 원합니다. 예수님의 이름으로 기도합니다. 아멘."

> 영접하는 자 곧 그 이름을 믿는 자들에게는 하나님의 자녀가 되는 권세를 주셨으니(요 1:12)

예수님을 구주로 믿는 자들은 하나님의 자녀가 됩니다.

영접 기도를 드린 후에는 대상자에게 권면의 말씀을 전하라.

"오늘은 당신의 영적인 생일입니다. 아이가 태어나면 가정이라는 공동체에 속하게 되는 것처럼, 예수님을 믿고 새 생명으로 태어난 당신도 영적 가정인 교회 공동체에 속하게 됩니다. 사람이 태어나면 건강하게 성장해야 하듯이, 균형 잡힌 건강한 그리스도인으로서 성장해야 합니다. 이를 위해, 교회 예배에 참석하여 목사님의 설교를 듣고, 성경 공부반에서 성경을 배우고, 매일 성경을 읽는 것이 필요합니다.

모든 그리스도인은 기도를 통해 하나님과 대화하고, 하나님의 인도하심과 응답하심을 경험합니다. 성경 읽기와 기도는 건강한 신앙생활에 아주 중요한 요소들입니다. 그리고 가족과 친구들과 주위 사람들에게도 예수님을 전해 주어야 합니다."

우리는 왜 전도해야 하는가? 우리 그리스도인은 빛의 자녀이기 때문이다.

그러므로 사랑을 받는 자녀같이 너희는 하나님을 본받는 자가 되고 그리스도께서 너희를 사랑하신 것같이 너희도 사랑 가운데서 행하라(엡 5:1-2)

너희가 전에는 어둠이더니 이제는 주 안에서 빛이라 빛의 자녀들처럼 행하라 빛의 열매는 모든 착함과 의로움과 진실함에 있느니라(엡 5:8-9)

어둠에 지나치게 집중하거나 민감하게 반응하는 그리스도인들이 많다. 그러나 그리스도인은 어둠이 아닌 빛에 집중해야 한다. 왜냐하면 빛이 있으면 어둠은 사라지기 때문이다. 우울증에 집중할 게 아니라 자유와 해방, 용서와 치유가 되시는 예수님께 집중해야 한다. 모든 문제를 빛 가운데로 가져올 때, 어둠은 깨끗이 제거된다. 그것은 마치 곰팡이에 찌든 이불을 햇빛에 말리는 것과도 같다. 복음의 능력은 곧 빛의 능력이다. 예수님은 세상의 빛이시다.

> 예수께서 또 말씀하여 이르시되 나는 세상의 빛이니 나를 따르는 자는 어둠에 다니지 아니하고 생명의 빛을 얻으리라(요 8:12)

예수님을 구주로 믿는 우리 그리스도인은 빛의 자녀다. 예수님의 성품과 빛의 열매들이 나의 삶을 통해 흑암의 세계에 비치어 드러날 때, 사람들은 빛으로 다가오시는 예수님을 향해 마음의 문을 열게 된다.

프란시스 쉐퍼는 "성경을 읽지 않는 사람은 그리스도인이 아니다"라고 말했다. 정말로 성경을 안다면, 선교하지 않거나 전도하지 않고 사는 것은 불가능하다. 구원받은 사람의 정체성은 예수 그리스도를 증거할 때 분명하게 드러나게 된다.

다른 이로써는 구원을 받을 수 없나니 천하 사람 중에 구원을 받을 만한 다른 이름을 우리에게 주신 일이 없음이라 하였더라(행 4:12)

우리는 지금 추수기의 마지막 때를 살고 있다. 선교적 관점에서 볼 때, 그리스도인은 누구나 다 선교사다. 우리는 선교지로 직접 나가는 선교사가 되거나 보내는 선교사가 될 수 있다. 그뿐 아니라 삶 속의 선교사가 될 수도 있다. 학생이면 학생 선교사, 직장인이면 직장 선교사, 주부이면 가정 선교사 등 삶의 현장이 곧 우리의 선교지이자 사역지다.

그런즉 그들이 믿지 아니하는 이를 어찌 부르리요 듣지도 못한 이를 어찌 믿으리요 전파하는 자가 없이 어찌 들으리요 보내심을 받지 아니하였으면 어찌 전파하리요 기록된 바 아름답도다 좋은 소식을 전하는 자들의 발이여 함과 같으니라(롬 10:14-15)

전도의 은사가 없어서 어떻게 전도해야 할지 모르는 이 세대와 다음 세대의 하나님의 자녀들에게 이 전도법이 예수님을 증거하는 매우 효과적인 도구가 되리라 확신한다.

Praise the name of the Lord!

부록

I. 가장 큰 축복: 복음 암송 말씀

로마서 3:10   기록된 바 의인은 없나니 하나도 없으며

로마서 3:11   깨닫는 자도 없고 하나님을 찾는 자도 없고

로마서 3:23   모든 사람이 죄를 범하였으매 하나님의 영광에 이르지 못
하더니

로마서 5:12   그러므로 한 사람으로 말미암아 죄가 세상에 들어오고 죄
로 말미암아 사망이 들어왔나니 이와 같이 모든 사람이 죄
를 지었으므로 사망이 모든 사람에게 이르렀느니라

로마서 5:19   한 사람이 순종하지 아니함으로 많은 사람이 죄인 된 것 같
이 한 사람이 순종하심으로 많은 사람이 의인이 되리라

로마서 6:23   죄의 삯은 사망이요 하나님의 은사는 그리스도 예수 우리
주 안에 있는 영생이니라

요한복음 3:16   하나님이 세상을 이처럼 사랑하사 독생자를 주셨으니 이
는 그를 믿는 자마다 멸망하지 않고 영생을 얻게 하려 하
심이라

요한복음 3:17   하나님이 그 아들을 세상에 보내신 것은 세상을 심판하
려 하심이 아니요 그로 말미암아 세상이 구원을 받게 하
려 하심이라

요한복음 14:6 예수께서 이르시되 내가 곧 길이요 진리요 생명이니 나로 말미암지 않고는 아버지께로 올 자가 없느니라

로마서 10:10 사람이 마음으로 믿어 의에 이르고 입으로 시인하여 구원에 이르느니라

로마서 10:13 누구든지 주의 이름을 부르는 자는 구원을 받으리라

로마서 10:17 그러므로 믿음은 들음에서 나며 들음은 그리스도의 말씀으로 말미암았느니라

에베소서 2:8 너희는 그 은혜에 의하여 믿음으로 말미암아 구원을 받았으니 이것은 너희에게서 난 것이 아니요 하나님의 선물이라

요한복음 1:12 영접하는 자 곧 그 이름을 믿는 자들에게는 하나님의 자녀가 되는 권세를 주셨으니

II. 영접 기도

"주님, 저는 죄인입니다. 저는 지금 예수님을 저의 죄를 대속하기 위해서 십자가에서 못 박혀 죽으시고 부활하신 구주로 영접합니다. 저의 죄를 용서해 주시고, 저에게 영원한 생명을 주셔서 감사합니다. 저는 이제부터 하나님의 자녀로서 하나님이 기뻐하시는 삶을 살기를 원합니다. 예수님의 이름으로 기도합니다. 아멘."

성경으로 전도하는 법

by Dr. W. Shin

1. 전도자 자신의 준비: 기도, 하나님과의 관계 형성, 짧은 간증 문 준비(예수님을 믿고 변화된 점: 가치관, 인생 목표, 부부 관계, 자녀 관계, 생활 습관)

2. 상대방을 준비시킴: 세계관 깨뜨리기(진짜와 가짜, 위조지폐가 존재 하는 이유), 복음에 대한 호기심을 최대로 일으키기, 성경에 관 심을 갖기

3. 전도할 때

   1) 홈그라운드에서 섬기면서 전도하라.

   2) 함께 기도하는 것으로 시작하라. 상대방을 축복하고, 성령 의 인도를 구하라.

   3) 질문을 도중에 받지 마라(설명 후).

   4) 성경을 소개하고, 성경의 권위를 최대한 높이라, 성경에 대 한 호기심을 갖게 하라.

   5) 일대일로 전도한다. 남자는 남자가, 여자는 여자가 전도한다.

   6) 상대를 존중하는 태도를 보이며 일방적으로 가르치려고 하 지 마라.

7) 가장 큰 축복과 사랑을 상대에게 주는 것이 바로 복음을 전해주는 것임을 확신하라.

8) 조용한 장소에서 하고, 서로 휴대폰을 끄고 하라.

4. 성경 소개: 성경의 권위를 최대한 높이라(성경을 읽고 싶은 마음이 생기도록).

1) 성경 기록 기간: 1,600년(신구약)

2) 하나님이 40명의 인간 저자들로 하여금 성경을 기록하게 하셨다.

3) 40명의 저자들이 서로 만나 의논하지 않았으나 주제가 같고, 내용이 일관된다.

4) 이것은 진정한 저자가 하나님이심을 증명한다.

5) 역사상 최고의 베스트셀러는 성경이다. 모든 사람이 반드시 읽고 알아야 할 책이다.

5. 창세기 1장(전도 대상자로 하여금 성경을 직접 읽게 한다)

1절 태초에 하나님이 천지를 창조하시니라

14절 하나님이 시간을 만드셨고, 시간을 주관하신다.

그러므로 하나님은 역사의 주인이시고 역사의 주관자 되신다.

우리 인생의 시간도 하나님 것이고, 하나님의 영광을 위해 사용되어야 한다.

24절 '종류대로' 원래 종(種)을 다르게 창조하셨다. 그러므로 진화론은 틀렸다(물고기가 사자로, 식물이 코끼리가 될 수 없다. 개미가 고래가 될 수 없다. 같은 종 안에서만 진화가 있다).

26-27절 인간은 하나님의 형상으로 창조되었다(그 의미를 대상자에게 설명하라).

28절 인간은 하나님의 대리통치자요 관리자다. 하나님과의 관계와 교제가 필요하다.

31절 하나님의 창조는 완벽했다. Perfect! 하나님은 죄의 조성자가 아니시다.

6. 창세기 2장

7절 하나님은 인간을 흙으로 지으셨다.

그래서 인간은 죽으면 흙으로 돌아간다.

16-17절 여호와 하나님이 그 사람에게 명하여 가라사대 동산 각종 나무의 실과는 네가 임의로 먹되 선악을 알게 하는 나무의 실과는 먹지 말라 네가 먹는 날에는 정녕 죽으리라 하시니라

7. 창세기 3장

1절 사탄이 교활한 뱀을 통해 여자를 유혹했다.

4절 뱀의 거짓말

6절 아담과 여자가 불순종의 죄를 지었다.

11-13절 하나님이 남자와 여자에게 물으셨다. 아담과 하와가 죄의 책임을 전가했다.

〈하나님의 죄에 대한 형벌(창 3:14-18, 24)〉

14절 뱀에 대한 저주

16절 여자에게 주어진 3가지 형벌(잉태의 고통을 크게 더함, 남편을 사모함, 남편의 다스림을 받음)

17절 남자에게 주어진 형벌(평생 땀 흘려 수고하며 일함)

18절 땅이 황폐하게 되었다.

24절 첫 인류는 에덴에서 쫓겨났다.

죄의 결과로 육체적 사망(영혼과 육체의 분리)과 영적 사망(하나님과의 분리)과 영원한 사망(천국과 분리된 지옥 형벌)이 왔고, 마귀의 전략과 속임수로 완벽하지 않은 인간이 완벽을 추구하는 모순 속에서 살게 되었다.

8. 그림을 통한 재설명

9. 설득의 과정: 다섯 편의 예화

10. 영접 기도: "주님, 저는 죄인입니다. 저는 지금 예수님을 저의 죄를 대속하기 위해서 십자가에서 못 박혀 죽으시고 부활하신 구주로 영접합니다. 저의 죄를 용서해 주시고, 저에게 영원한 생명을 주셔서 감사합니다. 저는 이제부터 하나님의 자녀로서 하나님이 기뻐하시는 삶을 살기를 원합니다. 예수님의 이름으로 기도합니다. 아멘."

11. 권면: 교회 출석, 예배 생활, 기도 생활, 성경 읽기, 복음 전도

참고 자료

Barrs, Jerram. *Learning Evangelism from Jesus*. Wheaton, Illinois: Crossway Books, 2009.

_____. *The Heart of Evangelism*. Wheaton, Illinois: Crossway Books, 2005.

Bounds, E. M.. *The complete works of E. M. Bounds on prayer*. Grand Rapids, Michigan: Baker Book House, 2000.

Coleman, Robert E.. *The Master Plan of Evangelism. Grand Rapids,* Michigan: Revell Company, 1994.

Craig, William Lane. *On Guard: Defending Your Faith with Reason and Precision*, Colorado Springs: David C Cook, 2010.

_____. *Kalam Cosmological Argument.*

Fernando Ajith. *The NIV Application Commentary*. Grand Rapids, Michigan: Zondervan Publishing House, 1998.

Gilbert, Greg. *What Is the Gospel?* Wheaton, Illinois: Crossway Books, 2010.

Gustafson, David M.. *Gospel Witness: Evangelism in Word and Deed Grand Rapids*, Michigan: Eerdmans Publishing Company, 2019.

Halverson, Dean C.. *World religions. Minneapolis*, Minnesota: Bethany House publishers, 1996.

Hiebert, Paul G.. *The Gospel in Human Contexts: Anthropological Explorations for Contemporary Missions*. Ada, Michigan: Baker Academic, 2009.

Hurston, Karen. *Growing the World's largest church*. Springfield, Missouri: Chrism, 1994.

Kennedy, D. James. *Evangelism Explosion*. *Carol Stream*, Illinois: Tyndale House Publishers, 1996.

Kraft, Charles H.. *Anthropology for Christian witness*. Maryknoll, New York: Orbis Books, 1996.

_____. *Communication Theory for Christian Witness*. Maryknoll, New York: Orbis Books, 1991.

Little, Paul E.. *How to Give Away Your Faith*. Westmont, Illinois: InterVarsity Press (IVP), 1973.

May, F. J.. *The book of Acts and church growth*. Clevelane, TN: Pathway, 1990.

McGavran, Donald A. and Winfield C. Arn. *Ten steps for church growth*. San Francisco, CA: Harper & Row, Publishers, 1977.

Moreau, A. Scott. Effective Intercultural Communication, *A Christian Perspective (Encountering Mission)*. Ada, Michigan: Baker Academic, 2014.

Newman, Randy. *Questioning Evangelism: Engaging People's Hearts the Way Jesus Did*. Grand Rapids, Michigan: Kregel Publications, 2003.

Packer, J.I.. *Evangelism & the Sovereignty of God*. Westmont, Illinois: InterVarsity Press (IVP), 1991.

Peters, George W.. *A Theology of church growth*. Grand Rapids, Michigan:

Zondervan Publishing House, 1981.

Phillips, Richard D. *Jesus the Evangelist: Learning to Share the Gospel from the Book of John*. Sanford, Florida: Reformation Trust Publishing, 2007.

Pippert, Rebecca. *Out of the Saltshaker and Into the World: Evangelism as a Way of Life*. Westmont, Illinois: InterVarsity Press (IVP), 1999.

Pointer, Roy. *How do churches grow?* Hants., UK: Marshall, 1984.

Steyne, Philip M.. *Encountering the powers*. Columbia, SC: Columbia International University Press, 2002.

_____. *Gods of power*. Columbia, South Carolina: Impact International Foundation, 1999.

_____. *Cross Cultural Communication*. Class, 2001.

로저 그린웨이.《가서 제자 삼으라》. 안영수 역, 포도원, 2001.

존 레녹스.《두려움 없는 복음 전도》. 구지원 역. 서울: 생명의말씀사, 2020.

도날드 맥가브란.《하나님의 선교전략》. 이광순 역, 서울: 한국장로교출판사, 1993.

한국기독교역사학회 편.《한국 기독교의 역사》. 서울: 기독교문사, 1989.

이동주.《아시아 종교와 기독교》. 서울: 기독교문서선교회, 2000.

정흥호.《상황화 신학》. 서울: 한국로고스연구원, 1996.

폴 히버트.《선교현장의 문화이해》. 김영동&안영권 역, 서울: 죠이선교회
1997.

_____.《선교와 문화 인류학》. 김동화 외 역, 서울: 죠이선교회, 1996.

_____.《성육신적 선교사역》. 안영권 역, 서울: 기독교문서선교회, 1998.

안점식.《세계관과 영적전쟁》. 서울: 죠이선교회, 1995.

_____.《세계관을 분별하라》. 서울: 죠이선교회, 1998.

데이비드 왓슨.《제자도》. 서울: 두란노, 2004.

로버트 L. 플러머, 존 마크 테리 공편.《바울의 선교 방법들》. 조호형 역, 서
울: 기독교문서선교회, 2016.

C. S. 루이스.《순전한 기독교》. 서울: 홍성사, 2018.

CGN. http://www.cgntv.net/